# La crisis de 1994.

## Una historia que no debió suceder

Sergio Vallejos Ortiz

© Sergio Vallejos Ortiz

Prohibida la reproducción total o parcial por cualquier medio sin autorización escrita del titular de los derechos patrimoniales.

Todos los derechos conforme a la ley.

Primera edición: 2024

Responsable de la edición digital:

**Appie Ebook & Ecommerce**

## Índice

**1. Introducción, 1994 un año atípico** — 7
    1.1 El TLC el Levantamiento en Chiapas,
    Secuestros y Magnicidios Políticos — 7
    1.2 Manipulación del tipo de cambio 1987-1994 — 9
    1.3 Los 24 de Forbes. La nueva Oligarquía Mexicana — 10

**2. Tipo de Cambio, Inversión Extranjera y Déficit Comercial** — 14
    2.1 Ciclos políticos y devaluaciones — 14
    2.2 El tipo de cambio real y la balanza comercial 1982 - 1987 — 16
    2.3 Problemas en 1986. La caída del precio del petróleo — 18
    2.4 La disminución de tasas de interés
    y el perdón de la deuda en 1989 — 20
    2.5 Sobrevaluación del tipo de cambio y ataques especulativos — 23
    2.6 ¿Por qué seguir sobrevaluando después de 1990? — 32
    2.7 ¿A quién le afectaba una devaluación? — 45
    2.8 Emisión de Tesobonos. ¿Para qué? — 46
    2.9 Conclusión. Difícil pensar en errores o mala suerte. — 54

**3. La Sucesión Presidencial. Colosio y Zedillo** — 56
    3-1 El Presidencialismo priista y la ruptura con Salinas — 56
    3.2 La carta de Ernesto Zedillo a Colosio — 57
    3.3 El discurso del 6 de marzo y el distanciamiento con Salinas — 60
    3.4 Aburto, García Abrego y Raúl Salinas — 62

**4. La devaluación del 22 de diciembre. ¿errores?** — 67
    4.1 La reunión del 20 de diciembre — 67
    4.2 El avance zapatista de diciembre — 70
    4.3 La candidatura de Salinas a la OMC — 71
    4.4 La salida de Serra Puche — 72
    4.5 Las negociaciones con Clinton — 73
    4.6 El efecto tequila — 74
    4.7 ¿Por qué a Zedillo le convenía devaluar? — 75
    4.8 La teoría de le los errores de diciembre.
    La defensa de Salinas — 76
    4.9 La ruptura Salinas Zedillo — 81

## 5. El Fobaproa y el manejo político de Zedillo — 84
    5.1 La nueva estrategia con los bancos — 84
    5.2 Comparación con otros rescates bancarios en el mundo — 86
    5.3 Presiones políticas y el acercamiento a la oposición — 88
    5.4 La Reforma Política de 1996 — 91

## 6. Evolución posterior — 94
    6.1 Los 24 se dividen. Los industriales y lo financieros — 94
    6.2 Estabilidad macroeconómica y democracia — 97
    6.3 Desarrollo exportador — 99
    6.4 La apertura financiera de 2001 — 102
    6.5 Reconfiguración de intereses — 103
    6.6 Las Reformas de Peña Nieto
    y el nuevo nacionalismo de AMLO — 108

## 7. Conclusión. A 30 años — 112
    7.1 El proceso de corrupción más grande la Historia — 112
    7.2 Tipo de Cambio Libre y Democracia — 114
    7.3 De la transición democrática a la autoritaria — 118
    7.4 La apertura económica y desregulación
    global no fue el problema — 121

Bibliografía — 132

*A mis hijos Mar y Luca.*
*Para que estos hechos no vuelvan a suceder nunca*
*y el futuro sea mejor para a ellos.*

*El mal conoce el bien
pero el bien no conoce el mal.*

*Franz Kafka*

# 1. Introducción, 1994 un año atípico

## 1.1 El TLC el Levantamiento en Chiapas, Secuestros y Magnicidios Políticos

El año 1994 fue un periodo crucial y atípico en la historia contemporánea de México, marcado por una serie de eventos políticos, sociales y económicos que sacudieron al país y dejaron huellas profundas en su desarrollo posterior. El 1 de enero, entró en vigor el Tratado de Libre Comercio de América del Norte (TLCAN), simbolizando una apuesta por la modernización y la integración de México en la economía global. Sin embargo, ese mismo día, el levantamiento del Ejército Zapatista de Liberación Nacional (EZLN) en Chiapas reveló las profundas desigualdades sociales y económicas existentes, contrastando con el discurso oficial de progreso y modernidad.

A lo largo del año, México enfrentó sucesos que pusieron en jaque su estabilidad política y económica. El asesinato del candidato presidencial Luis Donaldo Colosio el 23 de marzo conmocionó a la nación y generó incertidumbre sobre el futuro político del país. Posteriormente, el homicidio de José Francisco Ruiz Massieu, secretario general del PRI, profundizó la crisis política y evidenció tensiones internas en el partido gobernante.

Además, el secuestro de destacados empresarios, como el caso de Alfredo Harp Helú en julio, añadió una capa adicional de inestabilidad y preocupación en el sector económico. Estos hechos, junto con los magnicidios políticos y el levantamiento del EZLN, alimentaron un clima de inseguridad y desconfianza tanto a nivel nacional como internacional.

En el anexo 2 encuentran una excelente relación de los acontecimientos principales que se presentaron durante todo este año único en la historia de México, tomada de Aguirre Botello (2002).

Parece increíble que en pleno proceso de integración económica y en un país que desde 1926 no había presentado magnicidios y había sido uno de los países más estables del mundo, de repente se empiecen a presentar hechos tan fuera de tendencia

El hilo conductor que presento en el libro es el proceso de sobrevaluación del tipo de cambio que desde octubre de 1987 y después bajo la administración del presidente Carlos Salinas de Gortari, México mantuvo. Esta estrategia buscaba controlar la inflación y atraer inversión extranjera, pero también generó desequilibrios económicos al afectar la competitividad de las exportaciones mexicanas y aumentar la dependencia del financiamiento externo.

En este libro argumento que existía una intención por parte del gobierno de Salinas de Gortari de mantener el peso sobrevaluado para beneficiar a un selecto grupo de empresarios y aliados políticos. Esta política habría permitido a estos grupos acceder a divisas extranjeras a un costo menor, facilitando inversiones en el extranjero y la importación de bienes a precios favorables.

Asimismo, la fragilidad económica derivada de la política cambiaria creó un ambiente propicio para la inestabilidad política y social, reflejada en los magnicidios y secuestros.

La acumulación de estos factores desembocó en la crisis financiera de diciembre de 1994, que el grupo cercano a Salinas llamó con cierto cinismo el "Error de Diciembre", que provocó una severa devaluación del peso y sumió al país en una profunda recesión económica. La abrupta caída del peso evidenció los riesgos de mantener una moneda artificialmente fuerte y la vulnerabilidad de una economía altamente dependiente del capital extranjero.

En este contexto, es importante analizar cómo las decisiones políticas y económicas estuvieron interconectadas y cómo beneficiaron o perjudicaron a diferentes sectores de la sociedad. La intención de favorecer a un grupo selecto mediante este proceso no solo habría generado ganancias para unos pocos, sino que también habría sentado las bases para la inestabilidad y las crisis que marcaron al país en ese año.

## 1.2 Manipulación del tipo de cambio 1987-1994

El tipo de cambio se sobrevalua en términos reales de forma constante entre 1987 y 1994.

A partir de 1990, se llega a un punto de equilibrio a partir del cual cualquier incremento en el valor del peso inicia una fase de crecimiento en el déficit comercial. En 1989 además las tasas de interés internacionales empiezan a bajar por lo que los servicios de la deuda externa disminuyen también.

No obstante esto la sobrevaluación del tipo de cambio, continúa inexplicablemente

*Fuente: Cálculos propios con datos del Banco de México*

El objetivo inicial de mantener un tipo de cambio fijo era atraer inversión extranjera, pero esto llevó a una sobrevaluación del peso que generó el déficit comercial más grande de la historia Para 1994, México importaba mucho más de lo que exportaba, lo que provocó un agotamiento de las reservas internacionales. Esta situación, insostenible a largo plazo, preparó el terreno para una de las crisis más graves en la historia del país.

## 1.3 Los 24 de Forbes. La nueva Oligarquía Mexicana

Entre 1990 y 1994, México experimentó un notable incremento en el número de ciudadanos que alcanzaron fortunas superiores a los mil millones de dólares, según la revista *Forbes*. Mientras que en 1987 el único mexicano que aparecía en dicha lista era Emilio Azcárraga Milmo, para 1994 el número de mexicanos en el ranking de multimillonarios había aumentado significativamente, llegando a 24 individuos con fortunas de tal magnitud.

Este fenómeno estuvo estrechamente relacionado con las condiciones económicas y financieras de la época. El gobierno mantenía una política cambiaria que fortalecía artificialmente al peso frente al dólar, lo que hizo que los préstamos en moneda extranjera fueran atractivos debido a las bajas tasas de interés internacionales y al tipo de cambio favorable.

Empresarios y financieros, muchos de ellos cercanos al régimen de Carlos Salinas de Gortari, aprovecharon esta coyuntura para solicitar préstamos considerables en el extranjero. Estos préstamos, obtenidos a tasas de interés más bajas que las disponibles en el mercado nacional, les proporcionaron acceso a grandes sumas de capital. La sobrevaluación del peso les permitió convertir estos fondos en cantidades aún mayores de moneda nacional, incrementando su poder adquisitivo dentro de México.

Con este capital, pudieron invertir en una variedad de negocios y activos, desde bienes raíces hasta participaciones en empresas muchas de ellas recientemente privatizadas. La facilidad para obtener financiamiento externo y la conversión ventajosa de divisas les permitió expandir sus imperios económicos de manera acelerada. Este crecimiento patrimonial se reflejó en su inclusión en las listas de los más ricos del mundo.

Prácticamente todos estos nuevos multimillonarios eran personas con vínculos cercanos al gobierno priista de Salinas de Gortari. Su proximidad al poder político les brindó ventajas significativas, como acceso privilegiado a información y oportunidades de inversión que no estaban disponibles para el público en general. Algunos informes sugieren que ciertos empresarios incluso mantuvieron relaciones de negocios directas con Raúl Salinas de Gortari.

Además, la acumulación de deuda externa por parte de individuos y empresas aumentó la exposición de la economía mexicana. La confianza excesiva en el financiamiento extranjero, incentivada por la política cambiaria, creó una burbuja que eventualmente contribuyó a la crisis financiera de 1994 que analizaré en el libro

En resumen, entre 1990 y 1994, la combinación de una moneda sobrevaluada y el fácil acceso a préstamos internacionales permitió que un grupo de empresarios mexicanos, en su mayoría cercanos al régimen de Carlos Salinas de Gortari, acumulara enormes fortunas. Al profundizar en los préstamos que estas personas solicitaron, se evidencia cómo las políticas económicas y las condiciones financieras de la época facilitaron una concentración significativa de la riqueza, al tiempo que aumentaron las vulnerabilidades económicas que afectarían al país en su conjunto.

La siguiente tabla de la revista Forbes de fines de 1994 que reporta 24 mexicanos con riqueza superior a los mil millones de dólares que suman un total de 33,500 millones de dólares, cuando en 1987 al arrancar el proceso de sobrevaluación solo aparecía Emilia Azcárraga.

# La crisis de 1994

**Lista Forbes en 1994. 24 mexicanos con mas de mil millones de dólares**

| Nombre | Capital | Empresa |
|---|---|---|
| Carlos Slim Helú | 6,600 mdd | Telmex, Carso, Imbursa |
| Emilio Azcárraga Milmo | 5,400 mdd | Televisa |
| Familia Zambrano | 3,100 mdd | Cemex |
| Familia Peralta | 2,500 mdd | IUSA |
| Jerónimo Arango | 2,200 mdd | Cifra |
| Alfonso Romo Garza | 2,200 mdd | Cigarrera La Moderna |
| Alberto Bailleres | 1,900 mdd | Peñoles, Palacio de H. |
| Pablo Arambuzabala | 1,600 mdd | Modelo, Accival |
| Familia González Nova | 1,500 mdd | Comercial Mexicana |
| Familia Molina | 1,400 mdd | Gemex (Pepsi Cola) |
| Adrián Sada González | 1,300 mdd | Vitro, Serfin, Inverlat |
| Ángel Losada Gómez | 1,300 mdd | Grupo Gigante |
| Ricardo Salinas Pliego | 1,200 mdd | Elektra, TV Azteca |
| Bernardo Garza Sada | 1,200 mdd | Grupo Alfa |
| Familia Servitje Sendra | 1,200 mdd | Grupo Bimbo |
| Roberto Hernández | 1,200 mdd | Banamex-Accival |
| Roberto González Barrera | 1,100 mdd | Maseca, Banorte |
| Jorge Larrea Ortega | 1,100 mdd | Cananea, Mexcobre |
| Eugenio Garza Lagüera | 1,100 mdd | Visa, Femsa, Bancomer |
| Familia Cosío Arino | 1,000 mdd | Empresas turísticas |
| Familia González Guitrón | 1,000 mdd | Grupo Sidek |
| Familia Franco | 1,000 mdd | Grupo Infra |
| David y Adriana Peñalosa | 1,000 mdd | Grupo Tribasa |
| Alfredo Harp Helú | 1,000 mdd | Banamex-Accival |

La tesis central de este libro, es que existe una conexión directa entre las decisiones del gobierno en relación al tipo de cambio, con el enorme enriquecimiento de este grupo de personas. El que este proceso de sobrevaluación no fuera sustentable, generó un enorme nerviosismo durante 1994, cuando concluía el sexenio de Carlos Salinas, que detonaron los acontecimientos atípicos que vivimos en ese año.

## 2. Tipo de Cambio, Inversión Extranjera y Déficit Comercial

### 2.1 Ciclos políticos y devaluaciones

Desde 1976 hasta 1994, México experimentó una serie de crisis económicas al final de cada sexenio presidencial. Estos periodos de inestabilidad estuvieron marcados por fugas de capitales, devaluaciones del peso y recesiones económicas severas. Este patrón recurrente no fue una coincidencia, sino el resultado de un ciclo político caracterizado por un sistema cerrado, dominado por un partido de Estado y una corrupción generalizada.

En 1976, al concluir el sexenio de Luis Echeverría, México enfrentó una crisis que culminó con la devaluación del peso. Las políticas fiscales expansivas y el exceso de gasto público generaron desconfianza entre inversionistas, provocando una fuga de capitales. La economía mexicana, cerrada y proteccionista, no pudo adaptarse rápidamente a los cambios globales, exacerbando la situación.

Como se puede observa en la Grafica 1, durante sexenio de José López Portillo (1976-1982) siguió una trayectoria similar. A pesar de los ingresos petroleros elevados, el gobierno incrementó el gasto público sin medidas de control adecuadas. Cuando los precios del petróleo cayeron, México se enfrentó a una deuda externa insostenible. La fuga de capitales se intensificó, y en 1982, el país sufrió otra devaluación masiva y una recesión profunda.

Durante el mandato de Miguel de la Madrid (1982-1988), se implementaron políticas de ajuste estructural y se promovió una mayor apertura económica. Sin embargo, la corrupción persistente y la falta de reformas políticas profundas limitaron la efectividad de estas medidas. Al final de su sexenio, México volvió a enfrentar problemas económicos, aunque de menor magnitud que en periodos anteriores.

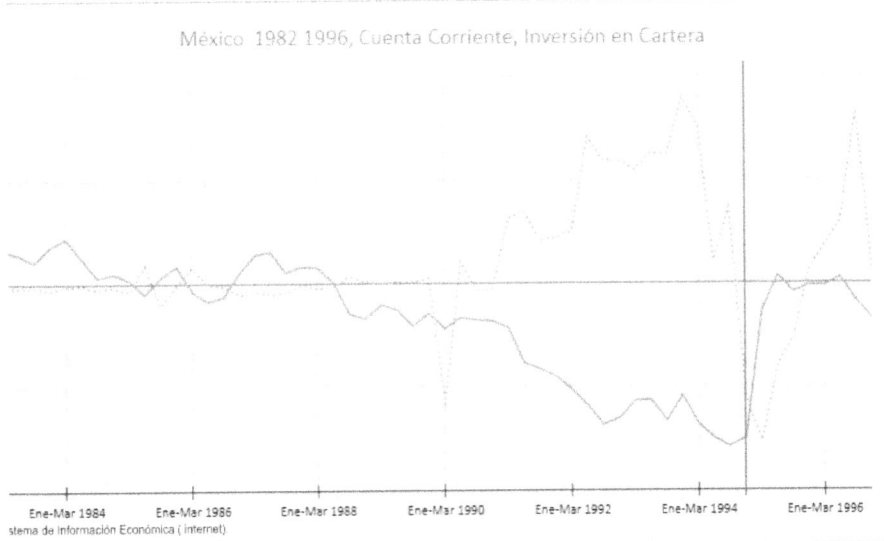

El gobierno de Carlos Salinas de Gortari (1988-1994) inicialmente mostró signos de recuperación económica y modernización, incluyendo la firma del Tratado de Libre Comercio de América del Norte (TLCAN). No obstante, la falta de transparencia y la continuidad de prácticas corruptas socavaron la confianza en el sistema. En 1994, eventos como el levantamiento zapatista y el asesinato de figuras políticas clave desataron incertidumbre, provocando una fuga masiva de capitales. La crisis conocida como el "Efecto Tequila" resultó en una devaluación abrupta y una recesión que impactó gravemente al país.

Estas crisis recurrentes estuvieron estrechamente ligadas al ciclo político de un México cerrado. El Partido Revolucionario Institucional (PRI) mantuvo el poder durante décadas, estableciendo un sistema donde la oposición era prácticamente inexistente. La falta de rendición de cuentas y la corrupción endémica permitieron la implementación de políticas económicas insostenibles. Los gobiernos buscaban mantener una apariencia de estabilidad hasta el final del sexenio, postergando ajustes necesarios y acumulando desequilibrios que eventualmente desencadenaban crisis.

Además, la economía mexicana estaba protegida por altas barreras arancelarias y una escasa integración al mercado global, lo que limitaba su competitividad y capacidad de respuesta ante choques externos. La dependencia de ingresos volátiles, como los petroleros, y la falta de diversificación económica aumentaron la vulnerabilidad del país.

En conclusión, las crisis económicas que México enfrentó al final de cada sexenio entre 1976 y 1994 fueron el resultado de un ciclo político caracterizado por un sistema cerrado, dominado por un partido de Estado y una corrupción generalizada. La combinación de políticas económicas insostenibles, falta de transparencia y un entorno político sin contrapesos creó condiciones propicias para la fuga de capitales, devaluaciones y recesiones., México pudo comenzar a romper este ciclo y construir una economía más resiliente.

## 2.2 El tipo de cambio real y la balanza comercial 1982 - 1987

Durante los años setenta, México mantuvo una balanza comercial negativa impulsada por políticas de industrialización y desarrollo que dependían en gran medida de la importación de bienes de capital, tecnología y productos intermedios. El país aprovechó los ingresos petroleros y el acceso al crédito internacional para financiar un incremento en las importaciones, lo que profundizó el déficit comercial para la segunda mitad de los años setenta.

Sin embargo, la situación cambió drásticamente tras la crisis de deuda de 1982. Esta crisis marcó el inicio de una profunda recesión económica y provocó un ajuste significativo en la balanza comercial de México, convirtiéndola en positiva. Este cambio se debió a varios factores clave: La crisis financiera obligó a una devaluación abrupta de la moneda mexicana. Un peso más débil encareció las importaciones y abarató las exportaciones en el mercado internacional, incentivando a las empresas nacionales a exportar más y a los consumidores a reducir la demanda de productos importados.

Al estar cerrados los mercados de capital y deuda internacional la balanza comercial era la única forma de conseguir divisas para hacer frente al pago de los intereses de la abultada deuda externa que había heredado el país para 1982. [1]

Con una deuda externa insostenible, México necesitaba urgentemente generar ingresos en moneda extranjera para cumplir con sus obligaciones financieras. Esto impulsó una estrategia orientada a aumentar las exportaciones, especialmente en sectores como el petróleo, la minería y la agricultura y a empezar a desarrollar una incipiente industria maquiladora en el norte del país, que acabó transformándose en una industria de alto valor agregado con el tiempo.

Como resultado de estos factores, durante gran parte de la década de los ochenta, México registró superávits comerciales. La reducción drástica de las importaciones, combinada con un aumento en las exportaciones, permitió que la balanza comercial se mantuviera positiva. Este superávit fue crucial para generar las divisas necesarias para el servicio de la deuda y para estabilizar la economía en medio de la recesión.

Para enfrentar la crisis, el gobierno adoptó también mayores medidas de austeridad que incluían restricciones a las importaciones y reducción del gasto público. Estas políticas intentaron limitar la entrada de bienes extranjeros y fomentaron el consumo de productos nacionales.

Un problema adicional era que además de una enorme deuda externa, el gobierno también enfrentaba pasivos internos importantes.[2] Para ellos era indispensable además de las medidas de austeridad, aumentar la base monetaria de forma muy significativa lo que ocasionó una aumento de la inflación que rebaso el 160% anual entre 1986 y 1987 el nivel más alto de la historia

---
1 La deuda externa del país se había multiplicado por 23 entere 1970 y 1982
2 Recordar que en 1982 el Déficit Fiscal del Gobierno rebasó el 16%

Para mantener el tipo de cambio real bajo e impedir que la inflación encareciera al país en términos relativos con el exterior, el gobierno tuvo que implementar un enorme proceso devaluatorio que hizo que el tipo de cambio nominal pasara de niveles de 95 pesos por dólar en diciembre de 1982, a más de 2,300 para octubre de 1987.

Bajo la guía de instituciones financieras internacionales como el FMI, México inició programas de ajuste estructural que empezaron a promover una incipiente liberalización económica y la promoción de las exportaciones.

Aunque México generalmente experimentó una balanza comercial negativa durante los años setenta debido a su modelo de desarrollo económico, la crisis de 1982 y la subsecuente recesión provocaron un cambio significativo. Las medidas adoptadas para enfrentar la crisis—como la devaluación del peso, las políticas de austeridad y la reorientación hacia las exportaciones—convirtieron la balanza comercial en positiva en este periodo.

## 2.3 Problemas en 1986. La caída del precio del petróleo

Durante esos años el gobierno de Miguel De la Madrid logró un cierto equilibrio. El superávit comercial logró hacer frente a los intereses de deuda externa.

Pero a partir de 1985 llegan malas noticias del exterior y el precio del petróleo empieza a tener una caída significativa que rompió el frágil equilibrio que se había logrado durante los primeros 3 años de gobierno de Miguel De la Madrid.[3]

Había que buscar ahora una nueva vía para la obtención de las divisas indispensable. Esta nueva estrategia recayó en el joven secretario de Programación y Presupuesto, Carlos Salinas. Este ajuste implicó el cambio del equipo económico de Miguel de la Madrid. En junio de 1985 sale del gabinete Jesús Silva Herzog, secretario de Hacienda y cada vez toma mayor presencia el equipo de Salinas que finalmente fue elegido como candidato del PRI a la presidencia.

---

3 El precio de la mezcla mexicana que valía 33 usd/barril a inicios de 1985, cayó a niveles de 13 usd/barril para 1986

Ahora había que aprovechar el creciente monto de flujos de inversión que circulaban en el mundo a partir de los procesos de liberalización financiera de inicios de los años 80 y buscar que México fuera atractivo para atraerlos.

Un país que devaluaba su moneda como lo hacía México, no era atractivo para este objetivo.

Para convertir a México rentable para la inversión externa era necesario estabilizar el tipo de cambio nominal para lograr una disminución del tipo de cambio real que hiciera que los activos mexicanos empezaran a valer más en dólares.

El momento adecuado para empezar esta nueva política cambiaria fue la crisis bursátil global del "Lunes Negro" del 19 de octubre de 1987.

El peso se devalúa por última vez para partir de un nivel de tipo de cambio real alto y a partir de ese momento el tipo de cambio dejar de devaluarse por primera vez desde 1982.

En noviembre de 1987, se establecen de los *Pactos de Solidaridad Económica*, que implementaron una serie de medidas destinadas a estabilizar la economía y controlar la inflación, que había alcanzado niveles alarmantes. Esta estrategia buscaba generar confianza en la economía mexicana y hacerla más atractiva para la inversión extranjera directa y los flujos de capital internacional.

El control del tipo de cambio tenía como objetivo principal reducir las expectativas inflacionarias y estabilizar los precios internos. Al mantener el peso estable frente al dólar, se buscaba facilitar las importaciones de bienes de capital y tecnología, esenciales para la modernización industrial del país. Además, un tipo de cambio fijo proporcionaba certidumbre a los inversionistas extranjeros, quienes podían planificar sus inversiones sin el riesgo de pérdidas cambiarias significativas.

Sin embargo, en el corto plazo, la estrategia logró atraer importantes flujos de capital extranjero, tanto en forma de inversión directa como de capitales financieros. La entrada de estos recursos permitió financiar déficits en cuenta corriente y sostener niveles de consumo e inversión elevados.

No obstante, la detención de la devaluación del peso generó enormes desequilibrios en la economía.

Este proceso de sobrevaluación afectó la competitividad de las exportaciones mexicanas, ya que los productos nacionales se encarecieron en términos de moneda extranjera. Esto perjudicó a sectores orientados a la exportación y favoreció las importaciones, incrementando el déficit comercial. Además, la dependencia de capitales extranjeros volátiles aumentó la vulnerabilidad de la economía ante cambios en las condiciones internacionales o en la percepción de riesgo por parte de los inversionistas.

La estabilidad cambiaria mantenida desde 1987 hasta principios de la década de 1990 creó un entorno propicio para que empresarios y financieros accedieran a financiamiento en dólares a tasas de interés bajas. Esto permitió que muchos ampliaran sus operaciones y acumularan grandes fortunas, como se observó en el aumento de multimillonarios mexicanos en la lista de *Forbes*. Sin embargo, también implicó que una devaluación abrupta del peso tendría efectos negativos significativos sobre aquellos con pasivos en moneda extranjera.

Si bien esta estrategia logró ciertos objetivos en el corto plazo, también contribuyó a la acumulación de desequilibrios económicos que culminaron en la crisis financiera de 1994, evidenciando las limitaciones y riesgos de mantener un tipo de cambio fijo en un entorno de liberalización financiera y apertura comercial.

## 2.4 La disminución de tasas de interés y el perdón de la deuda en 1989

En la tarde del domingo 6 de septiembre de 1989 mientras los mexicanos descansaban, el presidente Carlos Salinas dirigió un sorpresivo mensaje a la nación transmitido por radio y televisión.

Informó que México había logrado negociar una reducción sustancial de su deuda externa, estimada en alrededor. Destacó que este logro era resultado de intensas negociaciones y representaba un alivio financiero que permitiría destinar más recursos al desarrollo económico y social del país.

El acuerdo se dio en el marco del Plan Brady, una iniciativa global para resolver la crisis de deuda que afectaba a varios países en desarrollo.

**Tasa de interés internacional**

Fuente: FMI

El Plan Brady, implementado en 1989, fue una estrategia propuesta por el entonces Secretario del Tesoro de Estados Unidos, Nicholas Brady, para resolver la crisis de deuda externa que afectaba a varios países en desarrollo durante los años 80. El plan ofrecía la posibilidad de reestructurar la deuda bancaria existente convirtiéndola en bonos respaldados por el gobierno de EE.UU., conocidos como "Bonos Brady", con el objetivo de reducir el peso de la deuda y restaurar la confianza de los inversionistas internacionales.

El anuncio del presidente buscaba generar confianza tanto a nivel nacional como internacional sobre la estabilidad y solvencia de la economía mexicana.

Tras el anuncio, hubo lógicamente una reacción positiva en los mercados financieros, aunque, como se mencionó anteriormente, el efecto financiero real fue limitado debido a las condiciones específicas de la reestructuración, pero lo más importante logró mejorar la imagen del Salinas como el único presidente de la historia en haber logrado una disminución de la deuda externa que había sido uno de los principales problemas estructurales del país

Después del anuncio, México continuó trabajando en los detalles técnicos y legales para formalizar la emisión de los Bonos Brady, lo cual se concretó en marzo de 1990.

A pesar del anuncio optimista, el efecto financiero real del Plan Brady en México fue prácticamente nulo por varias razones:

La primera es que desde principios de 1989 inicia un proceso continuo de disminución de las tasas de interés internacionales. (ver gráfica anterior). Esto significaba que muchos países podían refinanciar su deuda a costos más bajos. Sin embargo, México mantuvo tasas de interés altas en sus nuevos instrumentos de deuda, lo que neutralizó los posibles ahorros que podrían haberse logrado con tasas más bajas.

Aunque el monto nominal de la deuda se redujo, las condiciones financieras asociadas (como las altas tasas de interés y los largos plazos de amortización) hicieron que los pagos totales a lo largo del tiempo no disminuyeran significativamente. Es decir, México terminó pagando casi lo mismo o incluso más en intereses a pesar de deber menos en papel.

Los inversionistas internacionales seguían percibiendo a México como un país con riesgos económicos y políticos. Esta percepción llevó a exigir primas de riesgo más altas, reflejadas en las tasas de interés elevadas, lo que incrementó el costo del financiamiento y anuló los beneficios de la reducción del principal de la deuda.

La conversión de deuda bancaria a Bonos Brady no necesariamente mejoró las condiciones de la deuda. Los bonos, aunque más líquidos y negociables en el mercado secundario, estaban sujetos a las mismas o incluso peores condiciones financieras debido a las garantías y colaterales requeridos.

José Ángel Gurría quien desempeñó un papel clave en las negociaciones del **Plan Brady** para México en 1989 argumentó que, aunque las tasa que pagaría México serían más altas se lograba el que estas fueran fijas lograba mayor certidumbre (Gurría 1994).

Como alto funcionario del gobierno mexicano, fue uno de los principales arquitectos de la reestructuración de la deuda externa del país.

El efecto político se había logrado ya que es claro que es mucho más impactante para el público, el anuncio de una disminución inesperada de la deuda externa, que un proceso gradual de disminución de tasas, aunque el efecto financiero fuera equivalente.

El hecho es que es que este hecho constituyó una mejora importante en las condiciones del sector externo del país que habían estado comprometidas desde 1982.

Ya no era necesario continuar con un proceso de sobrevaluación cambiaria para atraer capitales de forma artificial, cuando además a partir de 1989 estábamos llegando a un nivel de equilibrio a partir de cual las importaciones rebasarían a las exportaciones de continuar este proceso.

## 2.5 Sobrevaluación del tipo de cambio y ataques especulativos

En noviembre de 1991 el Gobierno establece una banda de flotación del tipo de cambio. Este mecanismo fue implementado por el Banco de México con el objetivo de proporcionar mayor flexibilidad al tipo de cambio del peso frente al dólar estadounidense, manteniendo al mismo tiempo cierta estabilidad en el mercado cambiario.

Era un paso a la liberalización del mercado cambiario, pero con importantes restricciones aún. Cuando el tipo de cambio tocaba el límite superior, el Banco de México se comprometía vender dólares al precio máximo de ese día. La capacidad del Banco de México para cumplir su función dependía de la cantidad de dólares que tuviera en sus reservas.

Sin embargo, la banda no asumía correctamente la diferencia de inflación entre México y Estados Unidos y aunque es cierto que disminuía en México, era claro que sería mucho mayor que la de Estados Unidos y existiría una sobrevaluación real del tipo de cambio, que originaría un creciente déficit comercial.

La pregunta es si este déficit comercial podría ser financiado por las llegadas de inversión que el propio proceso de sobrevaluación atraía.

En Vallejos (2024) demuestro de una forma simple, como este es un proceso no sustentable. Mientras el tipo de cambio real baja, el déficit comercial aumenta, pero los capitales especulativos que dependen de la tasa de sobrevaluación tienden a permanecer constantes por lo que llegará un momento que no será capaces de financiar el creciente déficit comercial. Las reservas disminuirán y será inevitable una sobrevaluación.

Además, los inversionistas lo saben y entonces los ataques especulativos al tipo de cambio ocurren cuando anticipan una devaluación de la moneda y actúan en consecuencia, acelerando la crisis. Las reservas internacionales de un país disminuyen hasta un nivel crítico, lo que hace insostenible mantener un tipo de cambio fijo.

Paul Krugman, en su influyente artículo de 1979 titulado *"A Model of Balance-of-Payments Crises"*, proporciona un marco teórico fundamental para entender estos ataques especulativos. En su modelo de primera generación, Krugman analiza cómo un déficit fiscal financiado mediante la emisión de dinero conduce a una pérdida gradual de reservas internacionales. Cuando las reservas alcanzan un nivel crítico, los especuladores anticipan que el gobierno no podrá sostener el tipo de cambio fijo y comienzan a vender la moneda nacional, provocando una crisis cambiaria.

El modelo de Krugman demuestra que el colapso del tipo de cambio fijo es inevitable si persisten desequilibrios fundamentales, como déficits fiscales insostenibles. Los especuladores, al anticipar esta situación, adelantan el momento de la crisis mediante sus acciones en el mercado cambiario.

Además de Krugman, la literatura académica ha expandido estos conceptos a través de modelos de segunda y tercera generación, incorporando factores como expectativas auto-realizables y problemas en el sector financiero. Sin embargo, el trabajo de Krugman sigue siendo fundamental para comprender cómo la disminución de reservas internacionales puede desencadenar ataques especulativos.

Este modelo era perfectamente conocido entre los encomiastas de la época, como quienes diseñaban la política económica de este momento en México

Un caso aparte el de Rudiger Dornbusch, reconocido economista y profesor en el MIT, fue crítico de la política cambiaria de México entre 1990 y 1994, periodo en el cual Pedro Aspe quien fue su alumno, ocupó el cargo de Secretario de Hacienda.

Dornbusch señalaba que la sobrevaluación del peso mexicano y el mantenimiento de un tipo de cambio fijo generaban desequilibrios económicos que podían desembocar en una crisis financiera.

Las críticas de Rudiger Dornbusch (1997) subrayaban los peligros de mantener una moneda sobrevaluada y un tipo de cambio fijo sin el respaldo de políticas económicas coherentes y sostenibles. Sus advertencias resaltaban la necesidad de ajustes en la política cambiaria y macroeconómica para evitar una crisis, enfatizando la importancia de la competitividad y la estabilidad económica a largo plazo.

Dornbusch destaca que las políticas económicas, especialmente el mantenimiento de un tipo de cambio fijo, fueron completamente erróneas y contribuyeron a la crisis. Esta estrategia buscaba estabilidad, pero resultó en una sobrevaluación del peso.

El déficit comercial creció considerablemente, exacerbado por la dependencia de financiamiento externo. Esto hizo que la economía mexicana fuera vulnerable a cambios en la confianza de los inversionistas.

Posteriormente realiza la propuesta de eliminar al peso y sustituirlo por el dólar cosa que han hecho varios países latinoamericanos después que las autoridades han mostrado incapacidad para llevar una política cambiaria correcta. Tal es el caso de Ecuador, El Salvador y actualmente Argentina

Por otra parte Smith, P. H. (1997) describe el ambiente político en México antes de la crisis, incluyendo las reformas económicas y la apertura al mercado global. A pesar de los avances, existía una creciente presión social y política, que no siempre se reflejaba en políticas económicas coherentes.

La decisión de mantener un tipo de cambio fijo fue impulsada por razones políticas, con el objetivo de estabilizar la economía y atraer inversión extranjera. Sin embargo, esta estrategia generó una sobrevaluación del peso, haciendo que las exportaciones mexicanas fueran menos competitivas y aumentando el déficit comercial.

Smith analiza cómo el déficit comercial se amplió debido a la dependencia de importaciones baratas, exacerbada por el tipo de cambio fijo. Este desequilibrio creó una vulnerabilidad que se hizo evidente cuando los flujos de capital comenzaron a disminuir.

La crisis política y la incertidumbre llevaron a una pérdida de confianza entre los inversionistas. Cuando se empezó a cuestionar la viabilidad del tipo de cambio, se desató una fuga de capitales que presionó aún más al peso y profundizó el déficit.

La novedad de este artículo es que no solo aborda el tema de económico aislado sino toca sino también un fenómeno político. Las decisiones relacionadas con el tipo de cambio y la gestión del déficit comercial reflejan las tensiones entre las realidades económicas y las aspiraciones políticas en México en ese periodo.

Por otra parte Dresser, D. (1997) hace énfasis en como la sobrevaluación del peso, derivada de esta política, hizo que las exportaciones mexicanas fueran menos competitivas, exacerbando el déficit comercial. La percepción de que el tipo de cambio era insostenible llevó a una fuga de capitales, intensificando la presión sobre el peso y el déficit.

Frieden, J. A. (1997) además señala con claridad como la percepción de que el tipo de cambio era insostenible llevó a la desconfianza entre los inversionistas, provocando una fuga de capitales que intensificó el déficit.

Edwards, S. (1997) buen conocedor de la economía mexicana, afirma que la la crisis no se debió únicamente a la mala suerte sino a políticas económicas insostenibles que llevaron a desequilibrios estructurales.

Contradice la versión oficial de la autoridad mexicana en el sentido que la crisis de 1994 fue más consecuencia de políticas inadecuadas que de factores externos, destacando el papel crítico del tipo de cambio y el déficit comercial en la vulnerabilidad de la economía mexicana

Es claro que este proceso, tenía que se contrarrestado por una amplia narrativa que aseguraba que el proceso era viable y como el déficit comercial era lógico en una país que empezaría a crecer debido a la reformas económicas implementadas.

Pedro Aspe y otros funcionarios afirmaban que el incremento en las importaciones reflejaba una mayor demanda de bienes de capital y tecnología necesarios para modernizar la economía mexicana. Desde esta perspectiva, el déficit comercial no era visto como un problema, sino como una inversión en el futuro crecimiento del país. Además, la entrada de capitales extranjeros y la estabilidad del tipo de cambio fijo reforzaban la confianza en que las reservas internacionales serían suficientes para sostener el modelo.

Esta peligrosa narrativa, explicada por Bartley, R. L. (1997) pone énfasis además en la capacidad del gobierno mexicano par generar expectativas equivocada que no consideraban la dependencia del financiamiento externo.

La falta de ajustes en el tipo de cambio y la acumulación de desequilibrios monetarios resultaron en una pérdida de confianza de los inversionistas, que comenzó a manifestarse en una fuga de capitales. La combinación de un déficit comercial creciente y la inestabilidad del tipo de cambio culminó en una crisis de confianza, lo que llevó a una drástica devaluación del peso y una crisis económica generalizada.

Por otra parte Hale, D. D. (1997) afirma que, para asegurar un crecimiento sostenible, era crucial implementar políticas que no solo se enfocaran en el lado de la oferta, sino que también abordaran la estabilidad del tipo de cambio y la gestión prudente del déficit comercial.

Burki, S. J. (1997). argumenta que el Banco Mundial y otros organismos internacionales habían emitido advertencias sobre los riesgos de la política de tipo de cambio fijo y el creciente déficit comercial, pero estas recomendaciones no fueron suficientemente atendidas por las autoridades mexicanas. Concluye que la crisis mexicana podría haber sido anticipada y mitigada si se hubieran tomado en serio las recomendaciones sobre el tipo de cambio y el manejo del déficit comercial. La falta de acción subraya la importancia de una gestión económica proactiva y responsable.

Loser C y Williams, C. M. (1997) [4] reconoce como efectivamente durante el sexenio de Carlos Salina se llevaron a cabo una serie de reformas extructurales importes y describe cómo el FMI se involucró en la crisis mexicana, proporcionando asistencia financiera tras la devaluación del peso en diciembre de 1994. Esta intervención buscaba estabilizar la economía y restaurar la confianza.

---

4 Publicado originalmente en el último semestre de 1995.

La política de un tipo de cambio fijo, que había llevado a la sobrevaluación del peso, fue un foco central del análisis. El FMI recomendó ajustes en el tipo de cambio y una mayor flexibilidad para evitar futuros desequilibrios.

Se destaca que el déficit comercial, que se había ampliado como consecuencia de la sobrevaluación, fue un indicador clave de la vulnerabilidad de la economía. El FMI abogó por políticas que mejoraran la competitividad de las exportaciones y redujeran la dependencia de importaciones.

El artículo también aborda las medidas de austeridad impuestas como parte del paquete de asistencia del FMI. Estas políticas tenían como objetivo corregir los desequilibrios, pero generaron tensiones sociales y políticas en México.

Seguramente el que se hayan realizado medidas de liberalización comercial, dentro de un contexto global de triunfo de la apertura y el capitalimo, constribuyeron a la aceptación genaralizada por parte de la opinión pública y tambien de inversionistas profesionalesn que esta política cambiaria, no permitía la acciób del mercado y no sería sostenible.

En esa misma línea Nancy Birdsall, M. G. (1997) destaca que el BID reconoció que la crisis fue el resultado de políticas económicas inadecuadas, en particular la rigidez del tipo de cambio y la acumulación de un déficit comercial insostenible. Subrayaba además como que la asistencia técnica y el intercambio de conocimientos son esenciales para ayudar a los países a implementar reformas efectivas y a prevenir crisis futuras.

El venezolano Moises Naím (1997) quien conoce bien la relación entre politica y economía llevada a acabo por regímentes autoritarios hace un reflexion interesante. [5]

---

5 Naim ( 1997), MEXICO´S LARGER STORY. En S. E. Naím, *ANATOMY OF AN EMERGING-MARKET CRASH* (págs. 295-311). Washington D.C., Estados Unidos: Brookings Institution Press.

Naím sitúa la crisis en un marco más amplio, explicando cómo las reformas económicas de la década de 1980 y 1990 buscaban modernizar la economía, pero a menudo pasaban por alto riesgos fundamentales y concluye que la crisis de 1994 no solo fue un evento aislado en México, sino parte de un patrón más amplio de inestabilidad en economías emergentes, subrayando la necesidad de políticas que gestionen adecuadamente el tipo de cambio y el déficit comercial para prevenir futuras crisis cosa que quedó clara en la crisis que se generaron en Asia, Brasil y Rusia posteriormente a la mexicana.

Las investigaciones más recientes resaltan que mantener una moneda sobrevaluada puede aumentar significativamente la vulnerabilidad de una economía a ataques especulativos y crisis cambiarias. Factores como la integración financiera global, la volatilidad de los flujos de capital y las debilidades en el sector financiero interno juegan un papel crucial. Estas publicaciones sugieren que políticas económicas más flexibles y la implementación de medidas *macroprudenciales* pueden mitigar estos riesgos.

La sobrevaluación del tipo de cambio real es un fenómeno que puede desencadenar profundas crisis económicas, culminando en ataques especulativos que desestabilizan aún más la economía de un país. Este proceso se desarrolla a través de varios mecanismos interrelacionados que afectan tanto la competitividad internacional como la estabilidad financiera interna.

En resumen todos estos autores, coinciden que existía una política deliberada de sobre valuación del tipo de cambio, que llevaría a un problema en la Balanza de Pagos en algún momento.

Como mencioné anteriormente, en general estos modelos eran parte de *mainstream* económico de la época y perfectamente conocidos por el gabinete económico del presidente Salinas que se ostentaba de ser uno de los más preparados y capaces del mundo

Posteriormente a 1995 han sido publicados numerosos artículos académicos dentro del concepto de Ataques especulativos que nos permiten entender mejor este fenómeno, presente en economías emergentes aunque no de forma exclusiva

En primer lugar, me gustaría citar a Dani Rodrik (2008), quien estudió como el desequilibrio externo en la Cuenta Corriente en la medida que las exportaciones disminuyen y las importaciones aumentan es imposible de ser financiado este déficit en por el medio de la Cuenta de Capital. Los bancos dejan de prestar y las inversiones ya no llegan.

Paralelamente, Helene Rey (2015) señala que los ciclos financieros globales limitan la efectividad de las políticas monetarias nacionales, especialmente en economías con tipos de cambio fijos o sobrevaluados. La integración financiera expone a los países a flujos de capital volátiles, aumentando la vulnerabilidad a cambios abruptos en las condiciones financieras internacionales. En un contexto de moneda sobrevaluada, los inversionistas internacionales pueden percibir mayores riesgos y retirar sus capitales, exacerbando la salida de divisas y la disminución de reservas.

Kristin Forbes y Francis Warnock (2012) profundizan en este punto al estudiar las "olas" de flujos de capital. Demuestran cómo las entradas y salidas repentinas de capital pueden desestabilizar economías con monedas sobrevaluadas. Cuando los inversionistas anticipan una posible devaluación, pueden iniciar una retirada masiva de fondos, conocida como "sudden stop", que agota rápidamente las reservas internacionales y pone en peligro la estabilidad cambiaria.

Además, Paul Krugman (1999) destaca la importancia de los efectos de balance y los problemas en el sector financiero. Una moneda sobrevaluada puede inflar artificialmente el valor de los activos en moneda local mientras aumenta el peso real de las deudas en moneda extranjera. Este descalce entre activos y pasivos expone al sector financiero y corporativo a riesgos significativos en caso de una devaluación. La anticipación de estos riesgos puede provocar una pérdida de confianza y acelerar la salida de capitales.

Aunque las políticas *macroprudenciales* y la gestión de flujos de capital pueden ser herramientas útiles, como sugieren Ostry, Ghosh y Korinek (2012), su efectividad es limitada en un contexto de sobrevaluación cambiaria. Estas políticas pueden mitigar algunos riesgos, pero no abordan la raíz del problema: la insostenibilidad de mantener un tipo de cambio real sobrevaluado.

En conjunto, estos factores crean un círculo vicioso. La sobrevaluación del tipo de cambio real lleva a déficits externos y vulnerabilidades financieras internas. La disminución de reservas internacionales debilita la capacidad del banco central para defender el tipo de cambio. Los inversionistas y especuladores, al percibir esta fragilidad, anticipan una devaluación y pueden iniciar ataques especulativos vendiendo la moneda nacional. Este comportamiento precipita la crisis cambiaria, ya que la demanda de divisas extranjeras supera rápidamente la capacidad de oferta del banco central.

En conclusión, la sobrevaluación del tipo de cambio real desencadena una serie de desequilibrios económicos y financieros que inevitablemente conducen a una disminución de las reservas internacionales. Cuando estas reservas se agotan o alcanzan niveles críticamente bajos, se crea el ambiente propicio para ataques especulativos que pueden detonar abruptamente, provocando crisis cambiarias y económicas de gran magnitud.

## 2.6 ¿Por qué seguir sobrevaluando después de 1990?

Entre 1987 y 1990 este proceso peligroso que se inició en una situación de crisis con la caída del precio del petróleo con pocas alternativas parece no tener consecuencias. La balanza comercial es positiva y la estabilidad cambiaria atrae inversionistas extranjeros y las reservas aumentan

Pero a partir de 1990, México logró disminuir la carga de servicios de la deuda externa y la balanza comercial esta e equilibrio cero balanza. La situación de emergencia ha pasado y lo sensato es dejar de sobrevaluar, quizá liberalizar el tipo de cambio.

Sin embargo el gobierno decidió inexplicablemente mantener este proceso de sobrevaluación del tipo de cambio.

El gobierno argumentaba que el déficit comercial que empezaba era producto del crecimiento económico y expectativas positivas que tenía la economía mexicana y era fácilmente financiable por la cuenta de capital.

Aunque inicialmente la inversión extranjera puede financiar el déficit comercial, esta fuente de financiamiento es volátil. Los inversionistas extranjeros pueden retirar sus capitales ante cualquier señal de inestabilidad económica o política, dejando al país con un déficit que no puede financiar internamente.

Como se comprobó después la acumulación de déficits comerciales financiados por capitales extranjeros puede generar desequilibrios macroeconómicos. Si los inversionistas pierden confianza y retiran sus fondos, el país puede enfrentar una devaluación abrupta de su moneda, como finalmente ocurrió.

Para mantener un tipo de cambio sobrevaluado, el banco central empezaba a a intervenir en el mercado cambiario, utilizando reservas internacionales. Si estas reservas se agotan, la capacidad del país para defender su moneda se ve comprometida.

Estas argumentaciones técnicas las conocía perfectamente el gabinete económico encabezado por Pedro Aspe. Como ya comentamos fueron advertidos de continuar de los riesgos de continuar este proceso

## Gráfica  Evolución del tipo de cambio real Ø 1987 – 1982

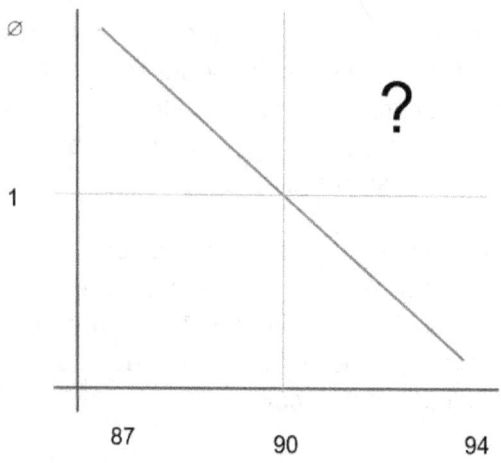

Un factor central en esos años es el proceso de privatización de importantes empresas públicas del país. En el *anexo 2* se hace una relación de las principales

Mucho se ha argumentado sobre ello. La realidad es que la mayoría de estas empresas no eran eficientes. La mayoría operaba con pérdidas incluso siendo monopolios

En este proceso no se permitió en casi todos los casos, la inversión extranjera y en la mayoría, la invitación para participar en su compra fue muy cerrado. Solo cercanos al régimen salinista pudieron participar

Por ejemplo, en la privatización del sector bancario entre 1991 y 1992, se establecieron regulaciones que impedían o limitaban la participación de capital extranjero en las instituciones financieras nacionales. El objetivo declarado era *"mantener el control de los bancos en manos mexicanas para proteger los intereses nacionales y evitar la dependencia de capitales foráneos en un sector estratégico"*.

Esta restricción de la inversión extranjera redujo el número de posibles compradores, lo que resultó en un proceso de licitación más cerrado. Las empresas y los individuos que pudieron participar eran, en su mayoría, grupos empresariales mexicanos con suficiente capital y conexiones políticas. Las licitaciones a menudo requerían cumplir con criterios financieros y técnicos que pocos podían satisfacer, lo que limitaba aún más la competencia.

Además, se ha argumentado que el proceso de privatización careció de transparencia y que las subastas y licitaciones no fueron completamente abiertas. Algunos críticos señalan que la información sobre las empresas a privatizar y los términos de las ventas no siempre estuvo disponible de manera oportuna o completa para todos los interesados. Esto creó un entorno en el que solo aquellos con acceso privilegiado a información y recursos pudieron participar efectivamente.

La privatización de Teléfonos de México (TELMEX) en 1990 es un ejemplo ilustrativo. Aunque hubo participación de inversionistas extranjeros, como Southwestern Bell y France Télécom, el control mayoritario quedó en manos de Grupo Carso, propiedad de Carlos Slim Helú. Si bien Slim era un empresario reconocido, su acceso al proceso y capacidad para adquirir una participación tan significativa generó debates sobre la equidad y apertura de la privatización.

En el caso de las empresas siderúrgicas y mineras, como Altos Hornos de México (AHMSA) y Minera de Cananea, las ventas se realizaron principalmente a grupos empresariales nacionales. Las restricciones a la inversión extranjera y los requisitos financieros elevados limitaron la participación a un pequeño número de inversionistas nacionales, algunos de los cuales tenían vínculos cercanos con funcionarios gubernamentales o eran beneficiarios de políticas económicas favorables.

Estas circunstancias llevaron a la percepción de que el proceso de privatización favoreció a individuos y grupos cercanos al régimen de Salinas. La concentración de activos estratégicos en manos de unos pocos grupos empresariales alimentó las críticas sobre la falta de competencia y la posibilidad de prácticas monopólicas en ciertos sectores.

La falta de una participación más amplia y diversa, incluyendo a inversionistas extranjeros y otros actores nacionales, limitó el potencial beneficio económico que podría haberse obtenido de un proceso más abierto y competitivo. Además, la concentración de la propiedad en manos de unos pocos planteó preocupaciones sobre la equidad social y la distribución de la riqueza en el país.[6]

Durante el proceso de privatización bancaria en México entre 1991 y 1992, se presentó una situación en la que los antiguos banqueros, cuyos bancos fueron expropiados en 1982, fueron excluidos de la posibilidad de recomprar las instituciones financieras que previamente habían fundado o dirigido. Este fenómeno fue particularmente evidente en el caso de Bancomer y su antiguo propietario, Manuel Espinosa Yglesias.

En 1982, ante una severa crisis económica y una fuga masiva de capitales, el presidente José López Portillo decidió nacionalizar la banca mexicana. Esta medida expropió los bancos privados y los convirtió en entidades estatales. Muchos banqueros, incluyendo a Manuel Espinosa Yglesias, se opusieron a esta acción, argumentando que no resolvería los problemas económicos y que afectaría la confianza en el sistema financiero.

Se establecieron limitaciones legales que impedían la participación de los antiguos accionistas mayoritarios en las licitaciones para la compra de los bancos. Estas regulaciones tenían como objetivo, según las autoridades, evitar la concentración de poder y promover una nueva estructura en el sector financiero.

---

6 Revisar el artículo de Huerta (1995) donde argumenta los problemas de este proceso

Las normas financieras y los criterios de selección exigían solvencia económica y experiencia, pero los antiguos banqueros, al haber sido expropiados y no haber operado bancos durante casi una década, enfrentaban dificultades para cumplir con estos requisitos.

Las licitaciones para la venta de los bancos fueron acusadas de falta de transparencia y apertura. La información detallada sobre las condiciones y requisitos no siempre estuvo disponible para todos los interesados.

Se argumenta que el proceso favoreció a grupos empresariales cercanos al régimen de Salinas, quienes tenían acceso privilegiado a información y recursos necesarios para participar exitosamente en las subastas.

Los nuevos propietarios de los bancos privatizados a menudo eran empresarios y grupos financieros que mantenían relaciones estrechas con funcionarios del gobierno. Esto generó la percepción de que existía un favoritismo hacia ciertos participantes en detrimento de otros.

La exclusión de los antiguos banqueros puede interpretarse como una estrategia para reconfigurar el poder económico y asegurar que el control del sector financiero quedara en manos alineadas con las nuevas políticas económicas.

El caso de Bancomer y Manuel Espinosa Yglesias detalla muy bien este punto. Manuel Espinosa Yglesias fue uno de los banqueros más prominentes de México y dirigió Bancomer antes de su nacionalización. Después de 1982, se convirtió en un crítico de las políticas gubernamentales y defendió los intereses de los antiguos accionistas.

Durante la reprivatización, Espinosa Yglesias y otros ex accionistas buscaron recuperar el control de Bancomer. Sin embargo, enfrentaron obstáculos significativos como restricciones legales les impidieron participar directamente en la compra, falta de acceso a información y a las condiciones de la licitación limitó sus posibilidades.[7]

---

7 Espinosa Yglesias (2000)

En este proceso era clara la preferencia por nuevos inversionistas: El gobierno parecía favorecer la entrada de nuevos grupos financieros para promover una imagen de modernización y ruptura con el pasado.

Resultado: Bancomer fue adquirido por un grupo de inversionistas liderado por Eugenio Garza Lagüera del Grupo Visa, quienes tenían conexiones y apoyo dentro del entorno gubernamental y empresarial favorecido por el régimen.

La exclusión de los antiguos banqueros generó críticas sobre la legitimidad y transparencia del proceso de privatización. Se cuestionó si el objetivo era realmente mejorar la eficiencia y competitividad del sector financiero o redistribuir el poder económico hacia grupos alineados con el gobierno.

Esta situación alimentó la percepción de que las privatizaciones fueron una oportunidad para que ciertos grupos empresariales expandieran su influencia, mientras se marginaba a aquellos que no contaban con el respaldo político necesario.

La mayoría de los trabajos críticos sobre las privatizaciones tienen siempre un cierto matiz ideológico que en este trabajo evito. Las empresas privadas suelen tener incentivos más fuertes para ser eficientes y rentables, ya que compiten en el mercado y buscan maximizar beneficios. Esto puede conducir a una mejor asignación de recursos y a una reducción de costos operativos.

Al privatizar empresas deficitarias o ineficientes, el Estado puede reducir gastos y destinar recursos a otras áreas prioritarias como salud, educación o infraestructura. Esto puede aliviar la carga fiscal sobre los contribuyentes. La privatización puede atraer inversión nacional y extranjera, aportando capital fresco y tecnologías modernas. Esto puede impulsar la modernización de sectores clave y fomentar el crecimiento económico.

La entrada de nuevos actores en el mercado puede romper monopolios estatales, promoviendo la competencia y beneficiando a los consumidores con mejores precios y servicios, La venta de empresas públicas puede dinamizar también los mercados de capitales, ampliando las opciones de inversión y ahorro para los ciudadanos.

Además, las empresas privadas están sujetas a regulaciones de mercado y a la supervisión de accionistas e inversionistas, lo que puede aumentar la transparencia y la responsabilidad en su gestión.

Incluso contra lo que muchos han argumentado, el precio de venta de estas empresas no fue bajo. Generó ingresos significativos para el gobierno mexicano. Entre 1989 y 1992, se recaudaron aproximadamente $23,000 millones de dólares por la venta de empresas estatales. Estos recursos contribuyeron a reducir la deuda pública y a financiar programas de desarrollo e infraestructura.

En algunos casos cuando a los empresarios mexicanos no les alcanzaba para la compra, hubo alguna competencia real entre oferentes, lo que elevó los precios de venta. Por ejemplo, en la venta de Teléfonos de México (TELMEX), participaron consorcios nacionales e internacionales. La participación de Grupo Carso, Southwestern Bell y France Télécom muestra que hubo interés y competencia, lo que llevó a un precio de venta que reflejaba el valor de mercado de la empresa. Al final en Grupo Carso de Carlos Slim acabó comprando las acciones de estos grupos y quedó con el control de Telmex

Antes de su venta, las empresas fueron evaluadas por firmas especializadas para determinar su valor real. Estas valoraciones consideraron activos, flujos de efectivo, posición en el mercado y potencial de crecimiento. Los precios de venta estuvieron en línea con estas valoraciones, asegurando que el Estado recibiera una compensación justa por los activos.

Muchas de las empresas privatizadas fueron listadas en la Bolsa Mexicana de Valores, y sus acciones fueron bien recibidas por inversionistas. El interés en estas acciones y su desempeño en el mercado secundario indican que los precios iniciales de venta reflejaban adecuadamente el valor percibido por el mercado.

Al comparar los ingresos por privatizaciones de México con los de otros países en desarrollo durante el mismo período, México obtuvo montos significativos. Por ejemplo, las privatizaciones mexicanas representaron un porcentaje importante del PIB, superando a otros países latinoamericanos en términos de ingresos obtenidos.

Los compradores de las empresas privatizadas estaban dispuestos a pagar precios altos debido al potencial de rentabilidad y crecimiento de estas empresas. Esto indica que el mercado reconoció el valor de las empresas y estuvo dispuesto a invertir sumas considerables para adquirirlas.

Los recursos obtenidos por las privatizaciones permitieron al gobierno mexicano mejorar su posición fiscal, reducir la parcialmente la deuda externa y estabilizar la economía. Esto sugiere que los ingresos fueron suficientes y adecuados para generar un impacto positivo en las finanzas públicas.

Fueron además un instrumento indispensable para el gasto social que se hizo en estos años a través del Programa Nacional de Solidaridad.

Incluso instituciones como el Banco Mundial y el Fondo Monetario Internacional reconocieron el éxito del proceso de privatización en México. Destacaron que las ventas se realizaron a precios justos y que los ingresos contribuyeron al saneamiento fiscal y al impulso de la economía.

Incluso bancos como Banamex, el banco más grande del país en ese momento, se vendió por aproximadamente $3,200 millones de dólares, un precio considerado elevado y acorde con su valor en el mercado.

Altos Hornos de México (AHMSA) se vendió por alrededor de $1,475 millones de dólares, reflejando su posición como una de las siderúrgicas más importantes del país.

El problema es al restringir su venta a empresarios cercanos al gobierno y a los intereses del presidente Salinas, se creaba un vínculo no competitivo que acabó siendo definitivo para explicar la crisis de 1994.

Durante el proceso de privatización en México entre 1989 y 1994, muchos compradores de empresas estatales financiaron sus adquisiciones mediante préstamos obtenidos en el extranjero a tasas de interés favorables. Las condiciones financieras internacionales de la época, caracterizadas por bajas tasas de interés y abundante liquidez, permitieron a inversionistas mexicanos acceder a capital externo para financiar grandes adquisiciones.

El caso de Carlos Slim Helú y la adquisición de Teléfonos de México es interesante. Después de una campaña de desprestigio de Telmex en los medios, muchas veces con razón, se decidió privatizarla en 1990

Se vendió en aproximadamente $1,760 millones de dólares por una participación del 20.4% con control operativo. Consorcio comprador fue Grupo Carso (propiedad de Carlos , Southwestern Bell Corporation (hoy AT&T) y France Télécom .

Carlos Slim aportó capital propio y utilizó financiamiento obtenido de bancos internacionales y nacionales.

Como se observa en la Grafica 2, a partir de 1990 el endeudamiento privado empieza a crecer hasta llegar a un punto máximo a fines de 1993.

## La crisis de 1994

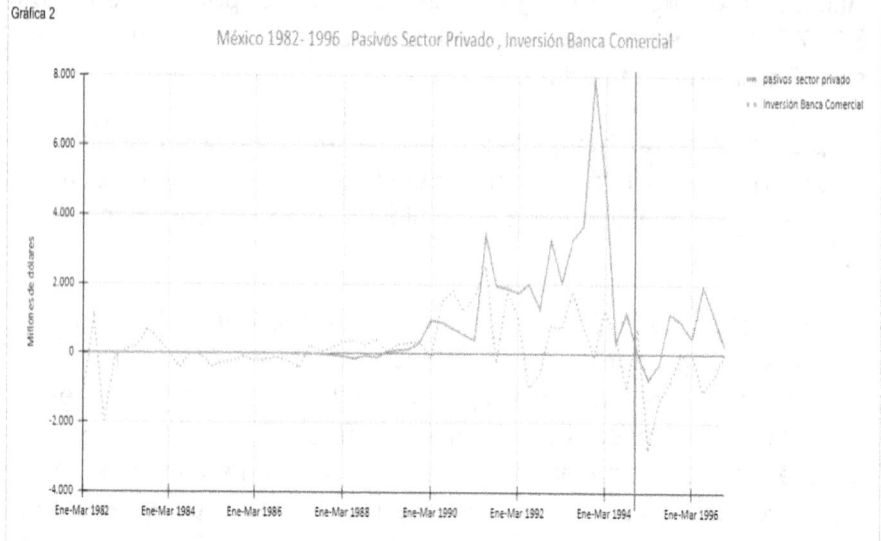

Gráfica 2. México 1982-1996 Pasivos Sector Privado, Inversión Banca Comercial

Entre 1989 y 1994 el sector privado contrató deuda por más 43,190 millones de dólares una cantidad nunca vista en la historia

De acuerdo con el libro "Carlos Slim: Retrato Inédito" de José Martínez (2002), Slim aprovechó líneas de crédito ofrecidas por bancos internacionales, (p. 85). La participación de socios extranjeros como Southwestern Bell y France Teleco implicó también la inyección de capital y acceso a financiamiento internacional.[8]

Ricardo Salinas Pliego capitán de Grupo Salinas la adquirió por su parte TV Azteca 1993 a un precio de venta de $643 millones de dólares.

Combinó capital propio que no rebasaba los 200 millones de dólares con financiamiento obtenido a través de préstamos bancarios y la emisión de bonos en mercados internacionales.[9] llamados ADR. [10]

---

[8] CEPAL (2003) *"Globalization and Development: A Latin American and Caribbean Perspective"* destaca cómo las empresas latinoamericanas accedieron a mercados de capital internacionales durante esa época (p. 112).

[9] Según el artículo de *The Wall Street Journal* titulado "Mexico's New Media Mogul" (5 de junio de 1995), Salinas Pliego recaudó fondos mediante la emisión de American Depositary Receipts (ADRs) y obtuvo préstamos de bancos internacionales para financiar la adquisición.

[10] *"Emerging Markets and Financial Globalization"* por Paolo Mauro, Nathan Sussman y Yishay Yafeh (2006) mencionan cómo empresas mexicanas utilizaron ADRs para financiarse (p. 74).

Este caso se exhibió ampliamente en los medios, a propósito del conflicto que tuvo este con Emilo Azcárraga su competidor en Televisa y de la relación de Salinas Pliego con Raúl Salinas hermano del presidente. [11]

Ricardo Rocha, conocido periodista, quien trabajaba en ese momento en Televisa[12], cuestionó públicamente el proceso de privatización de Imevisión y la forma en que Ricardo Salinas Pliego adquirió la empresa. Las preocupaciones giraban en torno a la transparencia de la transacción, el precio de venta y las condiciones otorgadas al comprador. Rocha argumentaba que la venta pudo haberse realizado en términos desfavorables para el Estado y que beneficiaba desproporcionadamente a Salinas Pliego.

Por su parte, Ricardo Salinas Pliego defendió públicamente la legitimidad y legalidad de la compra de Imevisión. En entrevistas y declaraciones en medios, explicó los detalles del proceso de adquisición, argumentando que cumplió con todas las regulaciones y procedimientos establecidos por el gobierno mexicano. Salinas Pliego destacó que su oferta fue competitiva y que asumió riesgos significativos al invertir en una empresa que requería una reestructuración profunda y una inversión considerable para ser rentable.

Salinas Pliego aseguró que la licitación fue pública y abierta, y que compitió con otros postores en igualdad de condiciones. Señaló que el proceso fue supervisado por las autoridades correspondientes y que cumplió con todos los requisitos legales.

Destacó que la compra de Imevisión implicaba un riesgo financiero, ya que la empresa enfrentaba problemas operativos y financieros. Argumentó que su grupo empresarial estaba dispuesto a invertir en la modernización de la televisora, lo que eventualmente beneficiaría al sector y al público. Salinas Pliego sostuvo que la creación de TV Azteca contribuiría a fomentar la competencia en el mercado de

---

11 Con quien no tenía parentesco alguno
12 Tiempo después de este conflicto, entró a trabajar a TV Azteca, la empresa privatizada de Salinas Pliego donde tuvo una cierta línea izquierdista que le ayudó a la televisora a mantener un fuerte vínculo con López Obrador en los años 2000.

medios mexicanos, dominado hasta entonces por Televisa. Esto, según él, favorecería la diversidad de contenidos y opciones para los televidentes.

Ricardo Rocha y otros periodistas expresaron escepticismo sobre estos argumentos. Las principales críticas incluyeron. Algunos sugirieron que Salinas Pliego pudo haber recibido un trato preferencial debido a conexiones políticas, dado el clima de cercanía entre empresarios y el gobierno durante la administración de Carlos Salinas de Gortari.

Se cuestionó también la capacidad de Salinas Pliego para operar una empresa televisiva, dado que su experiencia previa se centraba en otros sectores empresariales, cosa que a la postre resultó irrelevante.

Por su parte, Roberto Hernández Ramírez adquirió Banamex en 1991 en aproximadamente $3,200 millones de dólares junto con Alfredo Harp Helú y otros inversionistas a través de Acciones y Valores de México (Accival).

La adquisición se financió con capital propio y préstamos de bancos internacionales y nacionales.[13]

Miguel Mancera (1995) en "Mexico's Financial Crisis: Origins, Awareness, Assistance, and Initial Efforts to Recover" analiza el atractivo del sector bancario mexicano para el capital extranjero (p. 58). Lo que omite es porqué en este proceso no se permitió que los inversionistas extranjeros u otros bancos internaciones, pudieran comprar directamente los bancos mexicanos.

Por su parte Martin Feldstein (1999) "International Capital Flows" explica cómo los países emergentes aprovecharon las condiciones financieras internacionales (p. 347) para pedir préstamos en dólares, cuando las tasas internacionales eran muy bajas y estables.

---

13 **Fuente:** En *"Banqueros y magnates: Historia de los ricos en México 1920-2000"* de Jorge Zepeda Patterson (2008), se indica que Hernández y sus socios obtuvieron financiamiento de instituciones como Citibank y J.P. Morgan (p. 223).

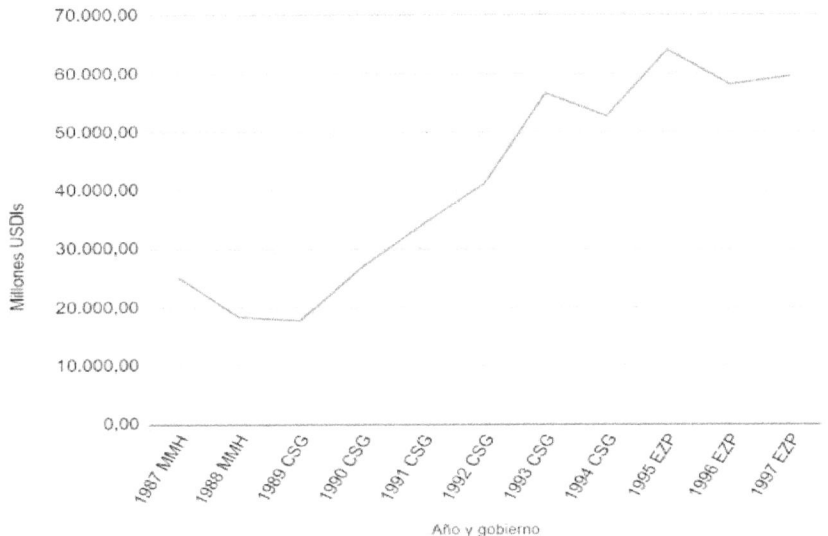

Fuente. Banco de México

Como puede observarse en la gráfica anterior, la deuda externa privada en eso años aumentó de 19 mil millones de dólares a casi 58 mil millones de entre 1989 y 1993.

Era claro que este enorme endeudamiento implicaba un riesgo en caso de que hubiera una probable devaluación, riesgo que estos empresarios no hubieran corrido de no ser que existiera un firme compromiso del gobierno quien controlaba el tipo de cambio, en sostenerlo por lo menos durante todo el sexenio. [14]

## 2.7 ¿A quién le afectaba una devaluación?

A los principales empresarios mexicanos que tenían importantes pasivos en dólares en 1994 y no les convenía una devaluación del peso. Una devaluación incrementaría el costo de sus deudas en moneda extranjera al convertirlas a pesos, aumentando significativamente sus obligaciones financieras y afectando la estabilidad de sus empresas.

---

14 **Fuente:** *"The Mexican Peso Crisis: Sudden Death or Death Foretold?"* por Guillermo A. Calvo y Enrique G. Mendoza, en *Journal of International Economics* (1996), discuten cómo la deuda en dólares amplificó el impacto de la crisis (p. 263)

Debido a estas circunstancias, estos empresarios tenían un interés particular en mantener la estabilidad del tipo de cambio. Un peso fuerte les permitía mantener bajos los costos de sus deudas en dólares y proteger sus inversiones. Es razonable suponer que pudieron haber ejercido influencia o presión sobre el gobierno para que continuara sosteniendo el tipo de cambio fijo o sobrevaluado, evitando una devaluación que perjudicaría sus intereses financieros.

Comparación entre principales variables sector externo

|  | 1990 | 1994 |
|---|---|---|
| precios | 100.00 | 199.77 |
| tipo cambio nominal | 2.84 pesos/usd | 3.41 pesos/usd |
| tipo cambio real | 1.00 | 1.71 |
| cambio reservas | 3,653 mdd | -18,390 mdd |
| balanza comercial | 0 mdd | -29,000 mdd |

Fuente. Cálculos propios con base a Vallejos (2024)

El problema principal para inicios de 1994 es que la economía por su sola ya no generaba los dólares necesarios para además de financiar el déficit en cuenta corriente poder garantizar la salida de los capitales para pagar la deuda contraída a un tipo de cambio bajo.

Sus empresas generaban ingresos principalmente en pesos, mientras que las obligaciones estaban en dólares. Una devaluación agravaría el descalce entre ingresos y deudas. [15]

## 2.8 Emisión de Tesobonos. ¿Para qué?

La solución al problema consistió en buscar una forma artificial, para generar dólares que se inyectaran a las reservas y permitieran esta salida sin afectar su nivel y desde luego sin devaluar.

Así surgen los tesobonos

---

[15] Dornbusch, R., & Werner, A. (1994). "Mexico: Stabilization, Reform, and No Growth". Brookings Papers on Economic Activity.

A lo largo de 1994, el gobierno de Salinas recurrió a los tesobonos como una medida desesperada para sostener la apariencia de estabilidad económica. Estos tesobonos eran un tipo de deuda que estaba disfrazada de inversión, y su propósito principal era mantener el valor del peso por encima de su valor real. Este endeudamiento encubierto dejó una carga enorme al siguiente presidente, Ernesto Zedillo, quien asumió el cargo en un momento de crisis económica y tuvo que lidiar con las consecuencias de la devaluación del peso y el colapso del sistema financiero.

El mecanismo era simple: el gobierno emitía deuda nominada en pesos, pero convertible en dólares, lo cual significaba que, cuando llegara el momento de pagarla, tendría que hacerlo a un tipo de cambio favorable para los inversionistas, pero devastador para las finanzas públicas del país. Esta estrategia fue vista como una maniobra deliberada para pasar el problema a la siguiente administración, sin asumir las consecuencias de sus políticas.

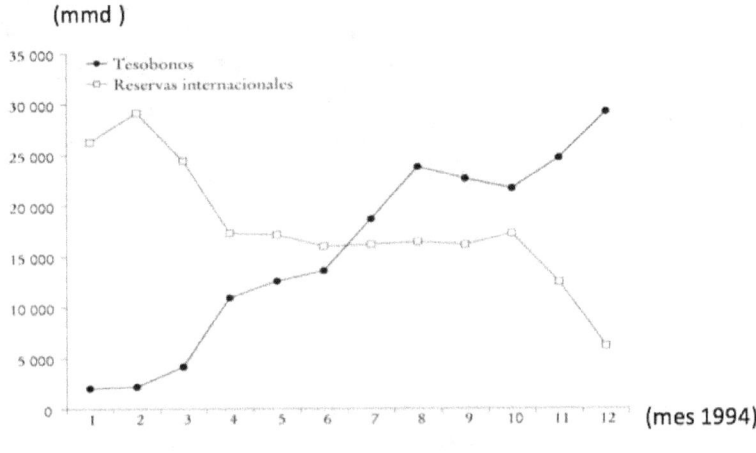

Fuente: Banco de México

Pedro Aspe, quien sirvió como Secretario de Hacienda y Crédito Público de México entre 1988 y 1994, justificó la sobrevaluación del peso y la emisión de tesobonos basándose en varios argumentos clave.

El primero era que uno los objetivos principales del gobierno era reducir la inflación crónica que afectaba a México. Un peso sobrevaluado abarataba las importaciones, especialmente de bienes de capital y materias primas, lo que contribuía a mantener bajos los precios internos y a estabilizar la inflación.

Además, según Aspe, la emisión de tesobonos, instrumentos de deuda gubernamental indexados al dólar, ofrecía a los inversionistas extranjeros protección contra el riesgo cambiario. Esto hacía más atractiva la inversión en México, generando una entrada significativa de capitales que podían ser utilizados para financiar proyectos de desarrollo y el déficit en cuenta corriente.

Pedro Aspe, Carlos Salinas y Carlos Slim en 1993

Mantener un tipo de cambio estable y sobrevaluado era visto como una forma de generar confianza en la economía mexicana, tanto para inversionistas nacionales como extranjeros. Esta estabilidad cambiaria funcionaba como un ancla nominal que ayudaba a coordinar las expectativas económicas y a consolidar las reformas estructurales en curso.

Aspe también argumentaba que, en un contexto de liberalización económica y apertura comercial, era natural y necesario financiar el déficit de cuenta corriente con flujos de capital extranjero. Los tesobonos facilitaban este proceso al ofrecer instrumentos seguros y atractivos para los inversionistas.

Durante este período, México se preparaba para la firma del Tratado de Libre Comercio de América del Norte (TLCAN). Un peso fuerte y estable era considerado esencial para facilitar la transición hacia una economía más integrada con sus socios comerciales y para promover la competitividad internacional.

Con la disminución de la deuda externa y una balanza comercial más equilibrada, Aspe consideraba que el país tenía margen para implementar políticas que aprovecharan los beneficios de una moneda fuerte sin incurrir en desequilibrios insostenibles.

En esencia, Pedro Aspe sostenía que la sobrevaluación del peso y la emisión de tesobonos eran estrategias necesarias para:

- → Estabilizar la economía y reducir la inflación.

- → Atraer y asegurar flujos de capital extranjero que financiarían el desarrollo y las reformas.

- → Generar confianza en los mercados internacionales sobre la solidez y estabilidad de la economía mexicana.

- → Facilitar la modernización y apertura económica del país en un contexto de globalización creciente.

Estas políticas fueron implementadas con la convicción de que impulsarían el crecimiento económico sostenible y posicionarían a México como un actor competitivo en el mercado global.

En su libro "El camino mexicano de la transformación económica" (1993), Pedro Aspe justifica la emisión de tesobonos mediante varios argumentos clave que se alineaban con la estrategia económica del gobierno mexicano en ese período:

Los tesobonos eran instrumentos de deuda denominados en pesos, pero indexados al dólar estadounidense. Esto ofrecía a los inversionistas extranjeros protección contra la devaluación del peso, reduciendo el riesgo cambiario y haciéndolos más propensos a invertir en México.

Aspe argumentaba que para sostener el crecimiento económico y financiar el déficit en cuenta corriente, era esencial atraer flujos significativos de capital extranjero. Los tesobonos facilitaban esta entrada de recursos al ofrecer rendimientos atractivos con menor riesgo.

La emisión de tesobonos ayudaba a sostener el tipo de cambio fijo o semi-fijo, que era una pieza central de la estrategia antiinflacionaria del gobierno. Al garantizar suficiente entrada de divisas, se podía mantener la paridad cambiaria y, por ende, contener la inflación importada.

Al mostrar compromiso con el servicio de la deuda y ofrecer instrumentos seguros, se fortalecía la confianza de los mercados en la política económica mexicana, lo cual era crucial para mantener la estabilidad macroeconómica.

La introducción de los tesobonos contribuía a la profundización y sofisticación del mercado de deuda mexicano, ofreciendo nuevos instrumentos tanto para inversionistas nacionales como extranjeros.

Al emitir instrumentos atractivos para inversionistas globales, "México avanzaba en su integración financiera internacional, lo cual era parte de la estrategia de modernización económica"

Los fondos obtenidos a través de la emisión de tesobonos podían ser utilizados para financiar proyectos de infraestructura y programas sociales, apoyando las reformas estructurales que buscaban incrementar la competitividad y el bienestar social.

La estabilidad financiera facilitada por los tesobonos creaba un entorno propicio para llevar a cabo privatizaciones y liberalizaciones, elementos clave en la agenda de transformación económica de Aspe.

En un contexto de incertidumbre global y volatilidad en los mercados emergentes, los tesobonos servían como un instrumento para asegurar el financiamiento externo necesario sin recurrir a endeudamiento excesivo en moneda extranjera.

Al ser instrumentos de corto plazo y denominados en moneda local indexada, permitían una mayor flexibilidad en la gestión de la deuda pública y en la adaptación a las condiciones cambiantes del mercado.

Estas justificaciones se enmarcaban en una visión de integración de México en la economía global, buscando aprovechar los beneficios de los flujos internacionales de capital mientras se implementaban políticas internas para estabilizar y hacer crecer la economía.

En el contexto de las discusiones en el Congreso de México a principios de la década de 1990, se generó un debate significativo sobre la emisión de tesobonos entre dos figuras prominentes: Guillermo Ortiz Martínez e Ifigenia Martínez. Ambos economistas y legisladores presentaron argumentos contrapuestos respecto a la conveniencia y los riesgos asociados con estos instrumentos financieros.

Guillermo Ortiz Martínez quien era subsecretario de Hacienda y Crédito Público argumentaba a favor de la emisión de tesobonos siguiendo básicamente los mismos argumentos que su jefe Pedro Aspe.

Mientras tanto Ifigenia Martínez advertía con razón que depender de capitales extranjeros de corto plazo aumentaba la vulnerabilidad de México a choques externos. Los inversionistas podían retirar sus fondos rápidamente ante cualquier señal de inestabilidad, lo que podría desencadenar una crisis financiera.

Señalaba que, aunque los tesobonos estaban denominados en pesos, su indexación al dólar los convertía efectivamente en deuda externa. Esto implicaba asumir obligaciones en moneda extranjera sin la transparencia y el control adecuados, aumentando el riesgo financiero del país.

Criticaba que la entrada masiva de capitales apreciaba el peso, afectando la competitividad de las exportaciones mexicanas y fomentando las importaciones. Esto podía conducir a un déficit comercial creciente y perjudicar al sector productivo nacional.

Aumento del Servicio de la Deuda: Los altos rendimientos ofrecidos para atraer inversión extranjera encarecían el servicio de la deuda pública. Esto incrementaba la carga fiscal y limitaba los recursos disponibles para áreas prioritarias como educación, salud y desarrollo social.

Alertaba que la acumulación de obligaciones indexadas al dólar podía llevar a una crisis cambiaria si los inversionistas perdían confianza y no renovaban sus inversiones. Esto forzaría una devaluación abrupta del peso, con consecuencias negativas para la economía y el bienestar social.

La realidad es que los tesobonos emitidos por el gobierno mexicano en 1994 fueron instrumentos financieros que, a pesar de ser presentados como inversiones por el gobierno, en realidad constituían deuda pública externa de corto plazo. A continuación, se argumenta por qué los tesobonos deben considerarse de esta manera:

Aunque los tesobonos estaban denominados en pesos mexicanos, su valor estaba indexado al tipo de cambio del dólar. Esto significaba que el gobierno se comprometía a pagar el principal y los intereses ajustados según la variación del tipo de cambio peso-dólar. El gobierno asumía el riesgo cambiario, protegiendo a los inversionistas de una posible devaluación del peso.

Al eliminar el riesgo cambiario, los tesobonos se hicieron muy atractivos para los inversionistas extranjeros que buscaban altos rendimientos sin exposición a la volatilidad del peso por que hubo una afluencia significativa de capital extranjero de corto plazo.

Aunque técnicamente la deuda estaba en pesos, al estar indexada al dólar, el gobierno adquiría obligaciones equivalentes a deuda en moneda extranjera.

La indexación al dólar hacía que, en efecto, los tesobonos fueran deuda externa, ya que el valor real de la deuda dependía del tipo de cambio con el dólar, pero por su naturaleza tramposa que legalmente erar presentada como inversión extranjera no necesitaba ser aprobada por el Congreso

Además, los tesobonos tenían vencimientos a muy corto plazo, generalmente entre 3 y 6 meses. El gobierno por lo tanto necesitaba renovar constantemente estos instrumentos, aumentando su exposición al riesgo de liquidez y confianza de los inversionistas.

El hecho que el gobierno clasificara las entradas de capital por tesobonos como inversión de cartera en lugar de deuda externa, mejoraba artificialmente las cuentas externas del país, subestimando el verdadero nivel de endeudamiento externo.

Al no reconocer los tesobonos como deuda externa, el gobierno no reflejaba adecuadamente los riesgos asociados en sus informes financieros y económicos y los inversionistas y analistas no tenían una visión completa de la situación financiera del país.

Lo que podía generar pasivos mayores en caso de devaluación.

Economistas y organismos internacionales señalaron que los tesobonos debían considerarse deuda externa de corto plazo debido a su estructura y riesgos asociados.

De hecho el Banco Mundial y FMI en sus análisis posteriores, consideraron a los tesobonos como parte de la deuda externa total de México.

Impacto en la Crisis de 1994: La necesidad de cumplir con los pagos de los tesobonos en un contexto de devaluación llevó a una rápida disminución de las reservas internacionales y agravó la crisis económica.

Al entender la verdadera naturaleza de los tesobonos, queda claro que representaban un riesgo significativo para la estabilidad financiera de México, y su clasificación como inversión en lugar de deuda externa fue, cuando menos, engañosa.

## 2.9 Conclusión. Difícil pensar en errores o mala suerte.

A diferencia de los gobiernos populistas de los años setenta, cuando los presidentes eran "licenciados" con poco conocimiento económico, durante el gobierno de Carlos Salinas de, su gabinete económico estaba conformado por tecnócratas altamente calificados, muchos de los cuales tenían posgrados y doctorados en economía y finanzas de prestigiosas universidades internacionales como el MIT, Harvard y Yale. A inicios de los años 90, tanto en medios nacionales como internacionales, se mencionaba que el gabinete económico de Salinas era uno de los más preparados del mundo.

*The Economist* y *The Wall Street Journal* elogiaron en varias ocasiones al equipo económico de Salinas por su profesionalismo y enfoque tecnocrático. Este reconocimiento contribuyó a generar confianza entre inversionistas y organismos internacionales en las políticas económicas que México estaba adoptando en ese momento. La reputación de tener uno de los gabinetes económicos más preparados del mundo se basaba en la combinación de formación académica de alto nivel y experiencia en la implementación de políticas económicas de mercado.

En realidad, parece claro que el proceso de sobrevaluación llevaría a una crisis, que haría necesaria una inyección de capital extraordinaria para que los empresarios endeudados en dólares pudieran pagar sus deudas a un tipo de cambio bajo, que se llamó Tesobonos.

## Necesidad de Tesobonos para garantizar los pagos de deuda privada

|  | 1990 |  | 1994 |  |
|---|---|---|---|---|
| capital privado | 4,000 | mdd | 35,277 | mdd |
| endeudamiento |  |  | 43,190 | mmd |
| privada | 43,190 | mmd | 0 |  |
| pública |  |  | 43,190 | mmd |
| inversión total | 1,339 | bienes | 1,339 | bienes |
|  | 133,942 | millones de pesos | 267,572 | millones de pesos |
|  | 47,190 | mdd | 78,467 | mdd |
| tesobonos |  |  | 24,800 | mdd |
| diferencia capital privado 1990-1994 |  |  | 31,277 | mdd |

Fuente. Cálculos propios con base a Vallejos (2024)

Este mecanismo permitió que en una primera fase durante 1994 hubiera una pérdida de riqueza neta por parte del Estado mexicano en 43,190 millones de dólares según cálculos propios que corresponden con el endeudamiento externo que los privados incurrieron entre 1990 y 1994 y que consiste en la pérdida de reservas en ese año por 18,390 milones de dólares más el endeudamiento de tesobonos que por este motivo debió ser de 24,800 millones de dólares.

No obstante, lo abultado de esta cantidad, al parecer no fue suficiente para que todos los empresarios pudieran pagar sus deudas antes del cambio de gobierno el 1 de diciembre de 1994. Había por lo menos 21,000 millones de dólares que estaban aún pendientes.

Era claro que el siguiente presidente tendría que enfrentar este compromiso o asumir las consecuencias de no hacerlo.

Como veremos, será el grupo financiero, y los bancos quienes faltaban por rescatar todavía en otra historia que se llamó Fobaproa.

## 3. La Sucesión Presidencial. Colosio y Zedillo

### 3-1 El Presidencialismo priista y la ruptura con Salinas

Durante décadas, el PRI operó bajo un sistema de presidencialismo fuerte, en el cual el jefe del Ejecutivo era la figura máxima de autoridad en el país. Pero duraba solo 5 años. Esta estructura significaba que el presidente no solo tomaba decisiones en temas de política interna y externa, sino que también se convertía en el símbolo de la continuidad y estabilidad del partido. Desde su fundación, el PRI se posicionó como el pilar del poder en México, y cada presidente, al designar a su sucesor, garantizaba la perpetuidad de su proyecto.

Ernesto Zedillo, inicialmente coordinador de la campaña de Colosio, era visto como un aliado del presidente Salinas. Su nombramiento respondía a la necesidad de mantener el control y la cohesión dentro de la estructura de la campaña, dado el contexto de crisis. Desde esta posición, Zedillo tenía la responsabilidad de garantizar que Colosio recibiera el apoyo necesario del aparato político priista y de los aliados cercanos al presidente.

En el sistema del PRI, la lealtad al presidente en turno y a la estructura del partido era una norma fundamental. Colosio y Zedillo, ambos destacados miembros del partido, habían desarrollado sus carreras en un ambiente donde el respaldo del presidente era esencial para avanzar y consolidarse políticamente. Desde esta perspectiva, la relación de Zedillo con Colosio puede interpretarse como una relación de alineación política bajo el liderazgo de Salinas de Gortari. Cuando Zedillo envió la carta a Colosio en enero de 1994, instándole a acercarse a Salinas, estaba actuando conforme a esta lógica de unidad y apoyo mutuo en el PRI, buscando asegurar que Colosio mantuviera el respaldo del presidente y la estabilidad dentro del partido.

Zedillo, como coordinador de campaña de Colosio, tenía el rol de alinear la campaña con las expectativas del PRI y, especialmente, de Salinas de Gortari. Este papel de intermediario requería que Zedillo equilibrara las aspiraciones de Colosio con las directrices del presidente.

A medida que la campaña avanzaba, Colosio mostró un creciente interés en responder a las demandas sociales de cambio y justicia, intentando proyectar una imagen de independencia respecto a la figura de Salinas. Este intento de distanciamiento creó tensiones dentro de la relación entre Colosio y Zedillo, pues Colosio comenzó a adoptar una postura reformista que se percibía como una desviación de la narrativa oficial del PRI. Para Zedillo, quien era el encargado de coordinar una campaña alineada con la administración salinista, la postura de Colosio representaba un reto y un riesgo que debía manejar con cuidado para evitar una fractura en la estructura de la campaña.

Aunque Zedillo intentó recordar a Colosio la necesidad de una unidad con el presidente, también existía una comprensión implícita de que el candidato debía atender las demandas de cambio que el público exigía. Este equilibrio entre la lealtad al partido y la adaptación a las necesidades del electorado muestra que la relación entre ambos no estaba exenta de tensiones y desafíos.

Para efectos del contexto económico en el que planteo en el libro, la tema crucial era que era necesario continuar con la política de sobrevaluación del tipo de cambio durante el siguiente gobierno, lo cual implicaba una ruptura radical con el propio presidencialismo, que se basa en que el presidente en turno es el emperador [16] y tiene la facultad de elegir a su sucesor pero su poder duraba solo 6 años.

Después el poder se acaba. En la medida que el expresidente acepte esto, serán respetados sus intereses de él y su familia. No tendrá problema.

## 3.2 La carta de Ernesto Zedillo a Colosio

Luis Donaldo Colosio fue designado oficialmente como candidato del PRI a la presidencia de México el 28 de noviembre de 1993. Conforme avanza la campaña es natural que el candidato toma fuerza y mientras el presidente empieza a perderla.

---

16 Siguiendo la Tesis de La Presidencia Imperial de Enrique Krauze

## La crisis de 1994

En enero de 1994, la atención pública y política hacia la candidatura de Luis Donaldo Colosio disminuyó significativamente debido al levantamiento del Ejército Zapatista de Liberación Nacional (EZLN) en Chiapas, el cual comenzó el 1 de enero. Este movimiento insurgente, que surgió en respuesta a la firma del Tratado de Libre Comercio de América del Norte (TLCAN) y las crecientes desigualdades sociales, sorprendió al gobierno de Carlos Salinas de Gortari y al PRI, capturando la atención de los medios nacionales e internacionales y desplazando el foco de la campaña presidencial.

Este levantamiento representó un desafío importante para el gobierno, que intentó contener la crisis mediante una mezcla de represión inicial y posteriores intentos de diálogo. La agenda política se centró rápidamente en las demandas de los zapatistas, quienes denunciaban la marginación y pobreza de las comunidades indígenas y rurales del sur de México. Esto reveló una realidad que contradecía el discurso oficial de progreso y modernización, cuestionando los logros de la administración salinista y generando un ambiente de desconfianza y presión social.

Entonces la figura de Colosio como candidato quedó en un segundo plano, ya que la atención del presidente y de otros líderes del PRI se dirigió a enfrentar el conflicto en Chiapas y sus implicaciones para la estabilidad del país. Además, la crisis generó cuestionamientos en torno a las políticas de Salinas, lo cual afectó indirectamente la imagen de Colosio, ya que este era visto como un candidato alineado con el presidente. En un esfuerzo por mantenerse visible, Colosio intentó ajustar su discurso para incluir temas de justicia social y atender las demandas de cambio que surgían del conflicto, pero la gravedad de la situación en Chiapas continuó dominando el escenario político durante ese periodo crucial de su campaña.

Colosio decide además alejarse del presidente quien lo necesitaba para continuar la política cambiaria en caso de ser necesario.

En ese contexto que Ernesto Zedillo envió una carta a Luis Donaldo Colosio que ha sido interpretada como un momento significativo dentro de las tensiones internas del PRI en un año marcado por la violencia política y los cambios de liderazgo. En ella, Zedillo instaba a Colosio a fortalecer su relación con el entonces presidente Carlos Salinas de Gortari, sugiriendo que debía alinearse con las políticas y visión de Salinas, quien había sido un respaldo clave en su postulación a la candidatura presidencial.

Era claro que existían ya un fuerte distanciamiento entre los dos.

La misiva revela un intento de Zedillo de recordarle a Colosio la importancia de mantener el apoyo del presidente en su campaña, algo visto como parte de la estructura política del PRI en ese momento, donde el respaldo del presidente en turno era esencial para consolidar la candidatura. Sin embargo, en medio de un contexto de descontento social y presión por reformas, se dice que Colosio estaba buscando distanciarse un poco de la figura de Salinas, intentando proyectar una postura más independiente, que respondiera a las demandas sociales del momento y marcara un nuevo rumbo en el partido.

La carta se ha interpretado como un símbolo de las tensiones y presiones dentro del PRI, reflejando los conflictos de lealtad y poder que culminaron en eventos trágicos ese año, incluyendo el asesinato de Colosio en marzo de 1994.

En la carta Zedillo, trataba de actuar como puente entre Colosio y Salinas, recordándole la importancia de mantener el respaldo presidencial, que era clave en un sistema donde el poder del PRI se apoyaba en la cohesión y en una cadena de mando vertical. Esta función de mediador evidencia que la relación entre ambos se apoyaba en el respeto a la jerarquía y la disciplina que caracterizaban al PRI.

## 3.3 El discurso del 6 de marzo y el distanciamiento con Salinas

> *Yo veo un México con hambre y con sed de justicia. Un México de gente agraviada, de gente agraviada por las distorsiones que imponen a la ley quienes deberían de servirla. De mujeres y hombres afligidos por abuso de las autoridades o por la arrogancia de las oficinas gubernamentales.*
>
> Luis Donaldo Colosio, 6 de marzo de 1994

El discurso de Luis Donaldo Colosio del 6 de marzo de 1994, pronunciado en el marco de las celebraciones del PRI por el aniversario de la expropiación petrolera, causó gran impacto tanto en el ámbito público como en los círculos de poder cercanos a Carlos Salinas de Gortari. En este discurso, Colosio mostró una postura distinta al destacar problemas de desigualdad y corrupción, y expresó su compromiso por un cambio profundo que respondiera a las demandas sociales. Su mensaje incluyó la famosa frase "Veo un México con hambre y con sed de justicia", una declaración que fue interpretada como una crítica implícita a las políticas y al estilo de gobierno de Salinas.

Se ha reportado que, en el círculo cercano de Salinas y entre los grupos de poder del PRI, el discurso generó descontento y sorpresa. Colosio, quien había sido uno de los colaboradores más cercanos de Salinas y su elegido como candidato presidencial, parecía alejarse de la narrativa de éxito económico y estabilidad que el gobierno salinista promovía. Para el grupo político que apoyaba la continuidad del modelo neoliberal y las reformas salinistas, la actitud de Colosio fue vista como un intento de distanciarse y ganar autonomía, lo cual amenazaba con debilitar la imagen de unidad en el PRI y con abrir una brecha en el sistema político mexicano.

Se dice que la reacción fue de profunda inquietud y de preocupación, ya que el discurso apuntaba hacia un giro ideológico dentro del PRI, lo cual no solo era riesgoso en términos electorales, sino que también podía interpretarse como una señal de ruptura con el gobierno salinista. Esto habría generado tensiones internas y una percepción de que Colosio buscaba una vía distinta, lo cual alimentó teorías sobre las presiones políticas que enfrentó en sus últimos días y que culminaron en su asesinato el 23 de marzo de ese mismo año.

Existieron también versiones de como Colosio no llegó a una reunión convocada por Raúl Salinas con empresarios importantes en Palacio Nacional.

Lo que era claro es que existía ya un distanciamiento entre Salinas y Colosio que hacía muy difícil pensar en que Colosio mantendría la política cambiaria que deseaba Salinas

No era ya alguien confiable.

El asesinato de Luis Donaldo Colosio en Lomas Taurinas el 23 de marzo de 1994 ocurrió en un contexto político marcado por su distanciamiento progresivo de Carlos Salinas de Gortari y una aparente cercanía con Manuel Camacho Solís, un influyente político y antiguo colaborador de Salinas. Esta situación generó tensiones y rivalidades dentro del PRI, que, combinadas con el clima de crisis social y política de México en ese momento, han alimentado diversas teorías sobre los posibles motivos detrás del asesinato.

Poco antes Colosio comenzó a acercarse a Manuel Camacho Solís, quien había sido Secretario de Relaciones Exteriores y regente de la Ciudad de México bajo la administración de Salinas. Camacho era conocido por su postura reformista y por su enfoque conciliador hacia el conflicto en Chiapas, donde había sido nombrado Comisionado para la Paz en medio de la insurrección zapatista. La influencia de Camacho en Colosio fue vista con suspicacia por algunos sectores del PRI, que percibían esta cercanía como una señal de que Colosio buscaba marcar una agenda de cambio y apertura que contrastaba con la línea tradicional del partido.

Una señal más que no sería un candidato controlable

Que sería independiente

La relación entre Colosio y Camacho también generó rumores de rivalidad e inconformidad entre los círculos de poder. Camacho había sido considerado en un momento como un posible sucesor de Salinas, y su aparente colaboración con Colosio sugería una alianza que podía desafiar la hegemonía de la élite salinista. Esta cercanía fue vista como un acto de independencia que podría fragmentar la cohesión interna del PRI, y fue interpretada por algunos como una señal de que Colosio estaba alineándose con una facción más progresista que podía amenazar la continuidad del proyecto salinista.

Finalmente, tras el asesinato de Colosio, Zedillo fue designado candidato presidencial. Su ascenso puede interpretarse como una continuación de su relación con Colosio, pero con un cambio en el significado: de coordinador de campaña pasó a convertirse en el sucesor de su amigo y colega caído.

Era el nuevo candidato con la presión formidable de mantener la política cambiaria de ser necesario, en medio de crecientes turbulencias que apuntaban que sería indispensable.

## 3.4 Aburto, García Abrego y Raúl Salinas

En el contexto de esta crisis, el asesinato de Luis Donaldo Colosio cobra una nueva dimensión. Salinas tenía un interés claro en controlar a su sucesor, asegurándose de que quien llegara al poder continuara con sus políticas. Cuando Colosio, durante su campaña, comenzó a marcar distancia de Salinas, fue percibido como un riesgo para el plan económico que Salinas y su equipo habían puesto en marcha ya en una situación de emergencia

En este libro solo pretendo señalar que muy probablemente existía una móvil para que Salinas y su poderoso grupo decidiera eliminar al rebelde Colosio y poner un nuevo candidato que tendría bien claro sus compromisos con quienes lo pusieron en ese sitio

Por ahora solo quiero comentar algunas evidencias descubiertas recientemente que ahondan en esta línea

Una pieza intrigante en torno a Mario Aburto y sus posibles conexiones con grupos de poder es el hallazgo de documentos en la casa de su tío, en los cuales se le refería como "Caballero Águila." Este sobrenombre, que hace alusión a los guerreros de élite mexicas, ha sido interpretado como una señal de que Aburto podría haber tenido algún tipo de entrenamiento especial o afiliación con un grupo que utilizaba simbología o estructura jerárquica relacionada con los antiguos guerreros de Mesoamérica.

La existencia de estos documentos ha dado pie a especulaciones de que Aburto pudo haber estado vinculado a un grupo organizado o clandestino, posiblemente relacionado con redes de seguridad o influencia política, y algunos han vinculado esto con la supuesta red de "Los Texas." Estos documentos y el título de "Caballero Águila" podrían implicar que Aburto tenía un rol específico o entrenamiento que excedía el de una persona común y que podría haberlo colocado en la mira de ciertos intereses políticos o de inteligencia. Aunque no se ha verificado oficialmente una conexión directa entre estos documentos y la participación de Aburto en un esquema mayor, esta información contribuye a la teoría de que el asesinato de Colosio pudo haber tenido elementos más profundos y organizados que los señalados en la versión oficial.

Juan García Ábrego, conocido líder del Cártel del Golfo en las décadas de 1980 y 1990, mantenía presuntas conexiones con "Los Texas," un grupo supuestamente conformado por personajes de alto nivel con vínculos tanto en México como en Estados Unidos, en particular en Texas. Estas relaciones eran estratégicas para sus operaciones, ya que le permitían mantener una red de protección e influencias clave para sus actividades de tráfico de drogas en la región fronteriza.

Se cree que Los Texas incluían tanto figuras del crimen organizado como funcionarios y ex agentes de seguridad, lo que le habría dado a García Ábrego acceso a una red de contactos que facilitaba el tráfico y la distribución de drogas, así como la protección contra las fuerzas de seguridad. A través de esta red, García Ábrego podía gestionar alianzas y operaciones transfronterizas, lo cual le aseguraba un control considerable en el flujo de drogas hacia Estados Unidos.

Además, Los Texas habrían servido como intermediarios para coordinar acciones entre distintos grupos delictivos y para suavizar posibles conflictos con autoridades locales, estatales e incluso federales.

En conjunto, esta supuesta relación con Los Texas reforzó la posición de García Ábrego dentro del Cártel del Golfo, ya que le permitió consolidar una operación de tráfico transnacional en una época en que el narcotráfico mexicano comenzaba a ganar influencia y poder en el mercado estadounidense. Aunque la conexión con Los Texas no ha sido completamente confirmada en investigaciones oficiales, el alcance de sus operaciones y su impunidad durante años sugieren la existencia de una red de apoyo poderosa, donde Los Texas podrían haber jugado un papel importante en su éxito y en la protección de sus operaciones.

Por otra parte, la relación entre Juan García Ábrego y Raúl Salinas de Gortari ha sido objeto de múltiples investigaciones y especulaciones. Se sugiere que Raúl Salinas, hermano del expresidente Carlos Salinas de Gortari, podría haber tenido vínculos con García Ábrego, especialmente en términos financieros y de protección política, que facilitarían las operaciones del Cártel del Golfo en México durante el sexenio de Carlos Salinas (1988-1994).

Varias investigaciones han apuntado a que Raúl Salinas pudo haber actuado como un enlace entre García Ábrego y sectores del gobierno, aprovechando su influencia en el aparato estatal para proteger y favorecer al Cártel del Golfo. Los testimonios y evidencias sobre depósitos de grandes cantidades de dinero en cuentas extranjeras de Raúl Salinas respaldan la teoría de que podría haber recibido pagos por su papel en la protección o facilitación de operaciones de narcotráfico. A cambio, García Ábrego habría recibido protección para sus rutas y operaciones en el norte de México, además de acceso a contactos que minimizaran el riesgo de intervención por parte de las autoridades mexicanas.

Según Ernesto Jiménez (2024) Reportes de la DEA dan cuenta de las relaciones entre Raúl Salinas de Gortari -el hermano incómodo- y el Cártel del Golfo desde finales de la década de 1980. La agencia estadounidense tuvo conocimiento de un proyecto financiado por el hermano del presidente en Salina Cruz, Oaxaca, para facilitar el trasiego de drogas desde el Océano Pacífico al Golfo de México.

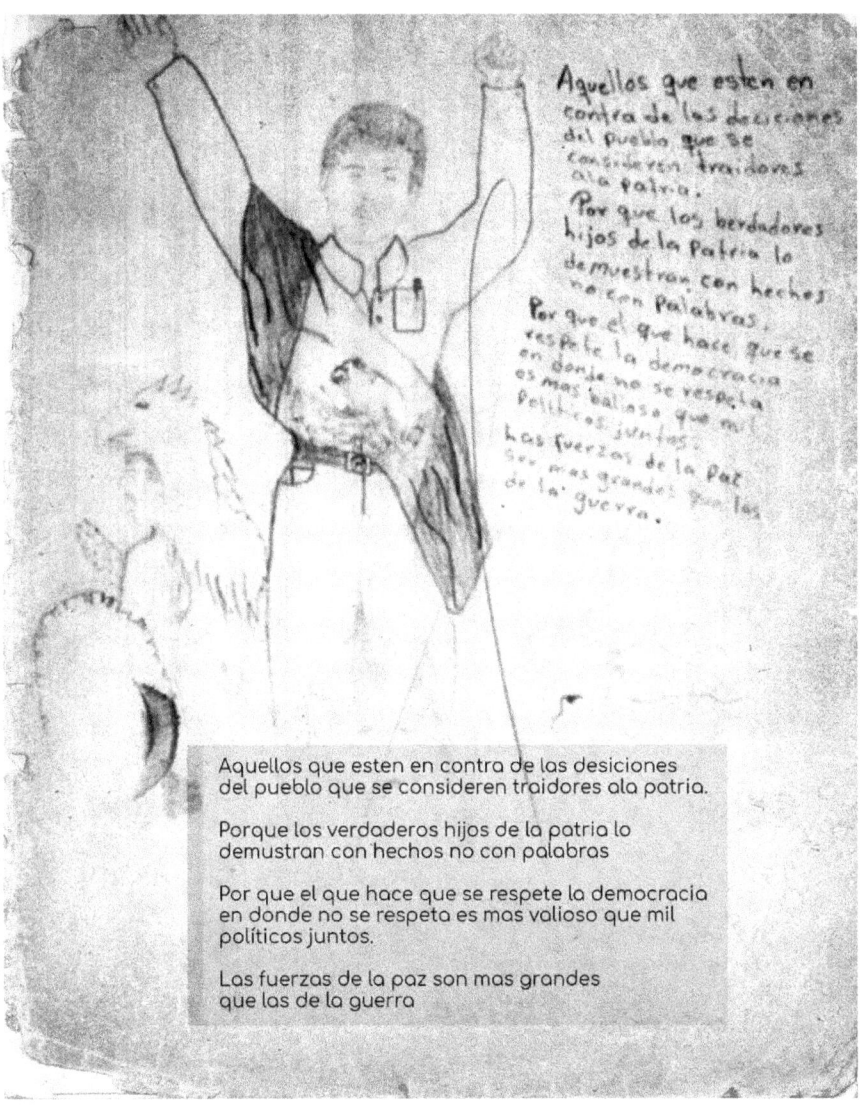

Aquellos que esten en contra de las desiciones del pueblo que se consideren traidores ala patria.

Porque los verdaderos hijos de la patria lo demustran con hechos no con palabras

Por que el que hace que se respete la democracia en donde no se respeta es mas valioso que mil políticos juntos.

Las fuerzas de la paz son mas grandes que las de la guerra

*Dibujos hechos por Mario Aburto donde se asume como "Caballero Águila"*

La cercanía de Raúl Salinas con García Ábrego se evidenció en fotografías que se tomaron en varias fiestas y en los inmuebles que el hermano del ex presidente le prestaba para que pudiera esconderse de las autoridades, según se lee en reportes de la DEA citados por Jiménez.

# 4. La devaluación del 22 de diciembre. ¿errores?

## 4.1 La reunión del 20 de diciembre

Durante los meses que siguieron la economía mexicana es como el Titanic que se hunde mientras la música sigue sonando. El capitán del barco, Salinas de mano de Pedro Aspe emite tesobonos que no son más que el rescate que necesitan los ávidos amigos del presidente para pagar sus deudas en el extranjero

Cada vez está mas claro que no alcanzará el tiempo y será necesario varios meses mas de 1995 para lograrlo cuando el nuevo presidente asuma el poder.

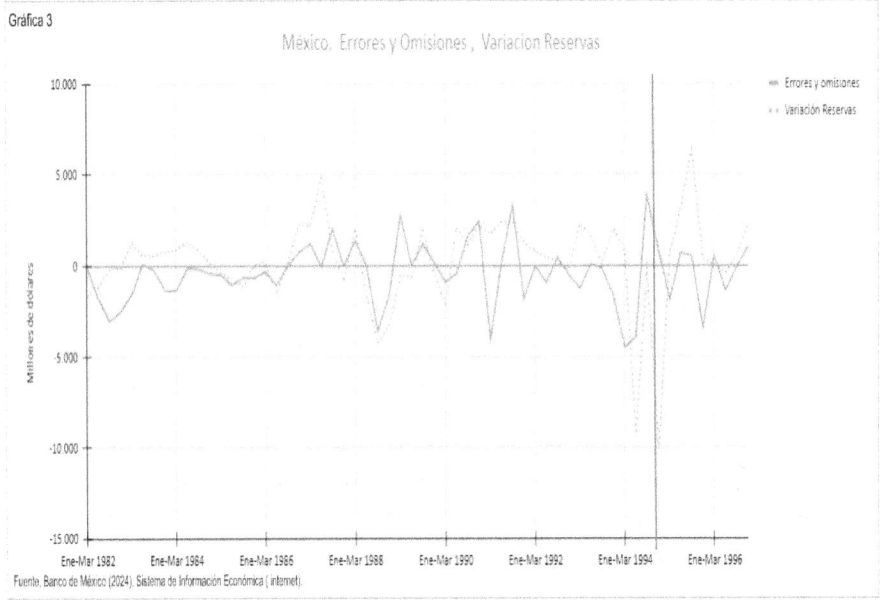

Gráfica 3

En la grafica 3, se observa como desde inicios de 1994 las reservas empiezan a disminuir. El día del asesinato de Colosio registran su peor caída que coincide un una entrada no explicada ( errores y omisiones) inusualmente elevada.

Las elecciones presidenciales de 1994, en las que Ernesto Zedillo resultó ganador, ocurrieron en un contexto de enorme presión económica y social en México. La campaña electoral estuvo marcada no solo por el trágico asesinato de Luis Donaldo

Colosio, el candidato original del PRI, sino también por una serie de factores que tensaron la economía nacional y pusieron al país en una situación de gran vulnerabilidad financiera. La victoria de Zedillo fue, en muchos sentidos, una respuesta tanto a la necesidad de estabilidad política como a la urgencia de enfrentar una crisis económica inminente.

**Grafica 4 Evolución del tipo de cambio y la banda de deslizamiento**

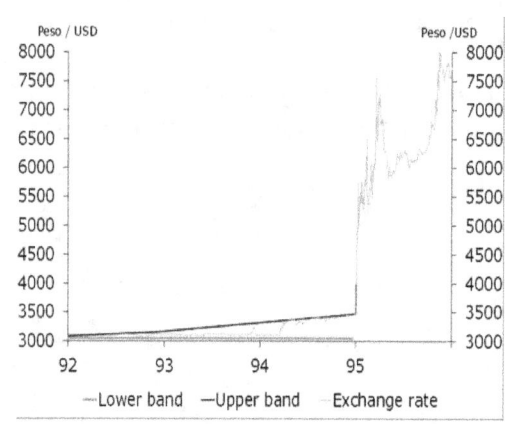

Como se puede observar el la Gráfica 4, durante prácticamente todo el año el tipo de cambio tocaba la banda superior, por lo que el Banco de México tenía que salir vender dólares para satisfacer una oferta que de forma natural no era posible.

En la Graficas 3 y 4, se observa como desde inicios de 1994 las reservas empiezan a disminuir. El día del asesinato de Colosio registran su peor caída que coincide un una entrada no explicada ( errores y omisiones) inusualmente elevada.

Las reservas internacionales empiezan a disminuir no obstante el enorme esfuerzo de Aspe en emitir tesobonos

### Gráfica 4
### Reservas internacionales en poder del Banco de México
### (millones de dólares)

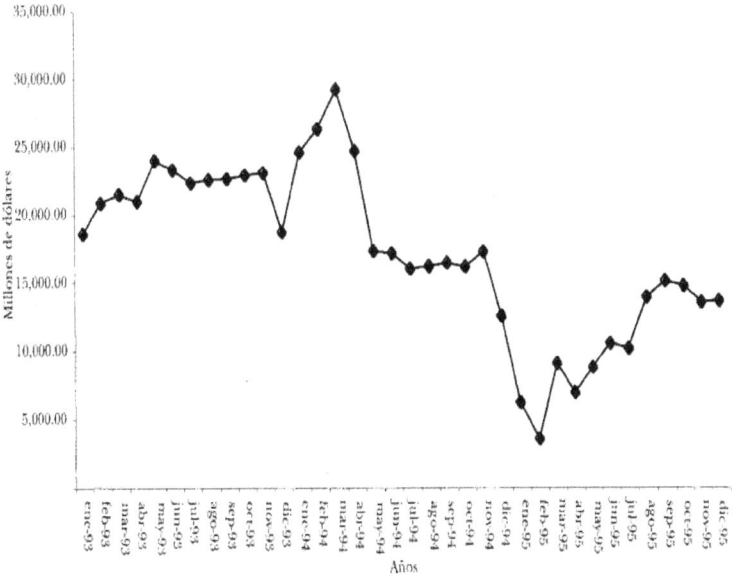

Fuente: Instituto Nacional de Estadística, Geografía e Informática.

Es en ese contexto que se da una reunión de urgencia[17] de la cúpula económica de México donde participan entre otros, el aún presidente Carlos Salinas, Pedro Aspe, el próximo presidente que tomaría posesión apenas 10 días después, Luis Tellez y Jaime Serra Puche, donde Zedillo pide que Salinas devaluara, sabiendo acaso que eso no sería factible.

Pedro Aspe (1995 ) cuenta detalles sobre esta importante reunión:

" Después del desfile del 20 de noviembre fuimos convocados a la reunión con el Presidente Salinas y con el Presidente Electo Zedillo las personas ya mencionadas. Abrió la reunión el Presidente Salinas diciendo que, ante la turbulencia financiera de la semana anterior, deseaba que se discutiera abiertamente, las distintas opciones de política económica para hacerles frente "

---
17 Algunas fuentes como citan que esta reunión se hizo en casa de Luis Téllez. El propio Salinas (2000) afirma que se llevó a cabo en la biblioteca de su casa

"Recordé que durante la Administración del Lic. Salinas habíamos devaluado la paridad del peso respecto del dólar en más del 50% (lo que por cierto me elimina como un posible asociado con la política de no-devaluación) "

Seguramente el Secretario no sabía que el diferencial de inflación entre México y Estados Unidos era muy superior y todos los indicadores económicos eran claros en indicar que había una importante sobrevaluación, que esos días estaba generando una enorme salida de capitales

Y continúa dando una solución burocrática a una situación de precios urgente, que buscaba seguir engañando a los inversionistas

"Por último, y de acuerdo con conversaciones con mis colegas, recomendamos lo siguiente:

Que esa misma noche del domingo 20 de noviembre, el Presidente Electo Zedillo convocara a los sectores del Pacto y lo ratificara ante la opinión pública.

En mi opinión, dije esa mera ratificación podía detener las fugas de capital desde el mismo lunes 21 de noviembre.

En opinión del grupo de trabajo, bajo el supuesto de que los mercados reaccionaran positivamente y se detuviera el ataque especulativo del viernes anterior, ello permitiría a la nueva Administración presentar su propuesta de política económica en un mejor ambiente económico"

## 4.2 El avance zapatista de diciembre

Después de la toma de posesión de Ernesto Zedillo en diciembre de 1994, la situación política en Chiapas se intensificó, ya que el conflicto con el Ejército Zapatista de Liberación Nacional (EZLN) seguía latente tras su levantamiento en enero de ese año. La llegada de Zedillo marcó un cambio en el manejo de este conflicto, pues inicialmente intentó un enfoque conciliador y de diálogo, aunque su administración también enfrentó presiones para aplicar medidas de contención.

En diciembre de 1994, el Ejército Zapatista de Liberación Nacional (EZLN) decide avanzar sobre los puestos mantenidos durante todo el año en Chiapas. Fue un momento de alta tensión. El 19 de diciembre, el EZLN anunció una movilización sorpresiva y avanzó hacia posiciones fuera de su territorio tradicional, expandiendo su presencia a más municipios en Chiapas. Este avance incluyó la toma simbólica de varios pueblos y comunidades en los Altos de Chiapas, como un acto de protesta por la falta de cumplimiento de las promesas de diálogo y la persistente exclusión de los pueblos indígenas.

La reacción del gobierno de Ernesto Zedillo fue rápida. El gobierno respondió desplegando una fuerte presencia militar en la región, lo cual incrementó la tensión y llevó a la militarización de Chiapas. Sin embargo, en lugar de optar por una confrontación directa, Zedillo decidió retomar el diálogo y la negociación, que derivaron en una serie de encuentros a inicios de 1995. Aunque no se resolvieron de inmediato los reclamos zapatistas, se alcanzaron compromisos para establecer un proceso de diálogo formal que más tarde resultaría en los **Acuerdos de San Andrés** en 1996.

Quizá este momento fue el pretexto ideal que buscaba Zedillo para ampliar la banda de flotación y devaluar finalmente contra la presión de Salinas de no hacerlo tan rápido.

## 4.3 La candidatura de Salinas a la OMC

Carlos Salinas de Gortari lanzó su candidatura para presidir la Organización Mundial del Comercio (OMC) en 1994, poco después de concluir su mandato como presidente de México. Su candidatura fue promovida por el entonces presidente Ernesto Zedillo, quien buscaba proyectar una imagen de continuidad en las políticas económicas de apertura y liberalización que Salinas había impulsado, como el Tratado de Libre Comercio de América del Norte (TLCAN).

Sin embargo, la candidatura de Salinas enfrentó oposición desde varios frentes. En el ámbito internacional, algunos países consideraron que su perfil político y las controvertidas reformas económicas en México no encajaban con los objetivos multilaterales y la neutralidad que el cargo en la OMC requería. A esto se sumó la percepción de crisis en México, exacerbada por el "error de diciembre" y la devaluación del peso en 1994, que debilitó la confianza en el modelo económico mexicano promovido por Salinas.

La candidatura de Salinas también se vio afectada por el creciente escrutinio sobre su mandato, incluyendo temas de derechos humanos y corrupción, así como la crisis política por los asesinatos de Luis Donaldo Colosio y José Francisco Ruiz Massieu. Finalmente, la fuerte oposición internacional y las dudas sobre su figura llevaron a que Salinas retirara su candidatura en 1995, dejando a Renato Ruggiero, de Italia, como el candidato que finalmente asumió la presidencia de la OMC. Este fracaso marcó el fin de sus aspiraciones en la arena internacional y profundizó su distanciamiento con el gobierno de Zedillo.

Pero seguramente la oposición más importante vino de parte del gobierno mexicano quien no aceptaría un ex presidente que contra toda norma no escrita del presidencialismo mexicano, tuviera un puesto preponderante una vez terminado su mandato

## 4.4 La salida de Serra Puche

En la reunión del 20 de diciembre Zedillo había pedido a Aspe ser el nuevo secretario de Hacienda, propuesta que rechazó este. Entonces Zedillo optó por Jaime Serra Puche quien había sido Secretario de Comercio y Fomento Industrial con Salinas y principal negociador del TLC

Una vez devaluado el peso el 20 de diciembre Zedillo le pido su salida de Jaime Serra abrupta y en medio de la crisis financiera.

La crisis se agudizó rápidamente, y las decisiones iniciales del equipo económico no lograron contener la situación, lo que generó una fuga masiva de capitales y una profunda recesión. Serra Puche fue señalado por su papel en la devaluación y por no haber tomado medidas preventivas, como ajustar el tipo de cambio o fortalecer las reservas internacionales, lo que muchos consideraron un error de cálculo. La presión de inversionistas internacionales y del propio gobierno estadounidense para estabilizar la economía mexicana se intensificó, y Zedillo decidió pedirle a Serra Puche que renunciara en enero de 1995, apenas unas semanas después del inicio de la crisis.

La salida de Serra Puche fue interpretada como un intento de Zedillo de restaurar la confianza en su administración y de mostrar un cambio en la estrategia económica. Para reemplazarlo, Zedillo nombró a Guillermo Ortiz, quien se encargó de implementar un rescate financiero y de estabilizar el peso, con apoyo de un paquete de emergencia negociado con el Fondo Monetario Internacional (FMI) y el gobierno de Estados Unidos. La renuncia de Serra Puche marcó un punto crítico en la administración de Zedillo, quien tuvo que enfrentar una fuerte pérdida de confianza tanto a nivel interno como internacional.

## 4.5 Las negociaciones con Clinton

Zedillo heredó en resumen un país con el déficit comercial más grande de su historia, mínimas reservas y con el compromiso de pagar los casi 30 mil millones de dólares de tesobonos en febrero de 1995 cosa imposible de hacer

Una vez devaluado el peso la Balanza Comercial pasaría a ser superavitaria, pero en el corto plazo había que buscar alternativas urgentes.

El rescate económico de 1995, liderado por el presidente estadounidense Bill Clinton y varios organismos internacionales, fue una respuesta rápida y contundente a la crisis financiera mexicana, desatada tras la devaluación del peso en diciembre de 1994. Conocido como el "error de diciembre," esta crisis generó una fuga masiva de capitales y puso en riesgo la estabilidad económica de México y, potencialmente, de otros mercados emergentes.

Para evitar el colapso financiero, Clinton, junto con el apoyo del Fondo Monetario Internacional (FMI), el Banco Mundial y el Banco de Pagos Internacionales, organizó un paquete de rescate que alcanzó los **50,000 millones de dólares**. Estados Unidos contribuyó con **20,000 millones** en préstamos a corto plazo, justificando esta ayuda con la idea de que una crisis en México podría repercutir en la economía estadounidense, dada la cercanía comercial entre ambos países tras la reciente implementación del TLCAN.

Este paquete de rescate incluyó condiciones estrictas para México, que consistían en políticas de austeridad, reformas estructurales y la implementación de un plan de estabilización para restaurar la confianza de los inversionistas. Entre las medidas estaba el aumento de las tasas de interés, recortes al gasto público y ajustes a los presupuestos, lo que ayudó a reducir la inflación y a estabilizar el peso, aunque incrementó el costo social, llevando a una recesión y altos niveles de desempleo.

El rescate tuvo éxito en estabilizar la economía mexicana y permitió al gobierno cumplir con sus compromisos de deuda, además de evitar una crisis de contagio en otros países de América Latina. Aunque generó críticas en ambos países y tensiones políticas, se considera que este paquete de rescate fue fundamental para recuperar la estabilidad financiera en México y prevenir una crisis mayor en la región.

## 4.6 El efecto tequila

La crisis de México de 1994, conocida como el "efecto tequila," tuvo un impacto significativo en la economía mundial, especialmente en los mercados emergentes de América Latina y en la percepción del riesgo financiero en estos países. La devaluación del peso mexicano y la posterior crisis financiera provocaron una fuga masiva de capitales, que se extendió rápidamente a otros países latinoamericanos, ya que inversionistas globales comenzaron a percibir a la región como inestable y riesgosa. Esta salida de capitales resultó en un aumento en las tasas de interés y en caídas abruptas en los mercados de valores de países como Argentina y Brasil.

A nivel mundial, el efecto tequila generó una mayor aversión al riesgo hacia los mercados emergentes. Los inversionistas adoptaron una actitud de cautela, afectando la disponibilidad de financiamiento para muchos países en desarrollo. Además, la crisis de México reveló las vulnerabilidades estructurales de los mercados emergentes y los riesgos asociados con un crecimiento basado en el endeudamiento en dólares y la entrada de capitales especulativos.

## 4.7 ¿Por qué a Zedillo le convenía devaluar?

A Ernesto Zedillo le convenía devaluar el peso lo antes posible una vez asumido el poder en diciembre de 1994 debido a la situación crítica y casi insostenible en la que se encontraba la economía mexicana. Existen varios argumentos que justifican la necesidad de una devaluación temprana:

Antes de su toma de posesión, México había estado utilizando sus reservas internacionales para defender el tipo de cambio fijo, pero estas reservas estaban prácticamente agotadas. Continuar con el peso sobrevaluado sin reservas para respaldarlo haría insostenible el modelo de cambio y podría desembocar en una devaluación aún más brusca e incontrolable.

México estaba experimentando un gran déficit en cuenta corriente, financiado por entradas de capital especulativo, principalmente en bonos denominados en dólares, conocidos como tesobonos. La sobrevaluación del peso dificultaba las exportaciones y promovía las importaciones, lo que agravaba el déficit y generaba desequilibrios en la balanza de pagos. Una devaluación temprana ayudaría a corregir estos desequilibrios al hacer más competitivas las exportaciones mexicanas y alentar una menor dependencia de importaciones.

Al reconocer la necesidad de ajustar el tipo de cambio, Zedillo podría enviar un mensaje de transparencia y realismo a los mercados internacionales, mostrando que su administración estaba dispuesta a tomar decisiones difíciles pero necesarias. La devaluación controlada y temprana, si se manejaba con claridad y comunicación efectiva, podría restaurar algo de la confianza perdida y frenar la fuga de capitales, estabilizando las expectativas de los inversionistas.

Al devaluar de manera oportuna, Zedillo aprovechó el inicio de su mandato para implementar ajustes estructurales y políticas de estabilización económica de forma anticipada. Esto le daría margen para aplicar reformas durante el resto de su administración, en lugar de verse obligado a responder de manera reactiva a una crisis.

En conjunto, devaluar el peso al inicio de su mandato habría permitido a Zedillo manejar una crisis de forma preventiva y ganar cierto control sobre el rumbo económico, evitando las consecuencias devastadoras de una devaluación forzada. Aunque esto habría sido una decisión difícil, la realidad era que la economía mexicana necesitaba un ajuste para enfrentar los desafíos de una política cambiaria insostenible y para iniciar una recuperación bajo condiciones más realistas.

Además, entre más rápido se hiciera el ajuste el costo de hacerlo sería menor que posponerlo como deseaban y presionaba Salinas.

En realidad no había un "paquete de política económica que diseñar " como afirmaba Aspe. La sobrevaluación se resuelve devaluando.

Es un problema de precios

Pero además de ajustar la Cuenta Corriente el hacerlo antes, tenía un poderoso elemento político: Los mexicanos responsabilizaríamos al poderoso Salinas y no a Zedillo. Si hubiera esperado algunos meses más la imagen sería distinta seguramente.

## 4.8 La teoría de le los errores de diciembre. La defensa de Salinas

En su libro "**México: un paso difícil a la modernidad** "**Carlos Salinas** (2000) explica en profundidad su defensa sobre su gestión económica durante su presidencia, enfocándose en cómo, según él, los errores del nuevo gobierno de Ernesto Zedillo llevaron a la crisis de diciembre de 1994.

Salinas argumenta que, al concluir su mandato, México había alcanzado una *"situación económica estable: se habían implementado reformas estructurales para modernizar la economía, se redujo significativamente la inflación, se impulsó la inversión extranjera y se lograron acuerdos comerciales importantes, como el Tratado de Libre Comercio de América del Norte (TLCAN)."* Esta situación, afirmaba, dejó al país con una economía que él consideraba sólida y con capacidad para enfrentar posibles choques externos.

Habrá que preguntarle al presidente qué significa estabilidad para él. Solo viendo datos económicos básicos es posible darse cuenta que la economía era todo menos estable

Sin embargo, Salinas argumenta que, una vez que Zedillo asumió la presidencia, su equipo tomó decisiones desacertadas que, a su juicio, generaron inestabilidad. Entre estas decisiones, destacada que la devaluación del peso en diciembre de 1994 *"fue un error fundamental, ya que el nuevo equipo económico decidió ajustar abruptamente el tipo de cambio sin implementar medidas que amortiguaran el impacto"*.

Habrá que preguntarle de nuevo al presidente a qué medidas se refiere "para amortiguar el impacto"

Esta acción generó incertidumbre en los mercados y provocó una fuga masiva de capitales, lo cual desató una crisis financiera en el país.

Según Salinas, la administración de Zedillo no actuó de manera adecuada para frenar la salida de capitales. Alega que, ante la incertidumbre, los inversionistas comenzaron a retirar sus fondos del país y el gobierno no implementó políticas de emergencia que pudieran contener esta crisis de confianza.

En realidad, la única medida de emergencia evitar la salida de estos fondos que se me ocurre era decretar el control de cambios como la vivida en el sexenio de Miguel De la Madrid, que hubiera tenido esos sí efectos devastadores en un país que iniciaba un tratado comercial con Estados Unidos

Salinas también critica la estrategia económica del nuevo gobierno, que, según él, "*no dio continuidad a las políticas de estabilización y crecimiento implementadas durante su administración* ". Argumenta que el equipo de Zedillo se mostró inexperto e indeciso, lo cual agravó la crisis al generar dudas sobre el rumbo de la economía.

Para Salinas, el nuevo gobierno careció de una respuesta rápida y efectiva ante los primeros signos de crisis, lo que, en su opinión, amplificó el daño económico. Señala que, de haber adoptado medidas contra cíclicas y sostenido la confianza[18] en los mercados, la situación podría haberse manejado de manera más controlada.

En resumen, Salinas culpa a la inexperiencia y a las decisiones abruptas del gobierno de Zedillo como las causas principales de la crisis de diciembre, defendiendo que su gestión dejó una economía en condiciones estables y que la crisis fue el resultado de una mala administración por parte de su sucesor.

En descargo a Salinas habrá que decir que efectivamente la entrada a México al Tratado de Libre Comercio tuvo efectos estructurales importantes en el sector externo.

Como se observa en la Gráfica 4, existió un incremento notable en la Inversión Extranjera Directa, que anteriormente no rebasaba los mil millones de dólares trimestrales, cuando en 1994, rebasaba ya los 2,500.

Además de ser insuficiente para financiar las salidas de divisas que se presentaron en 1994, era difícil de predecir como para establecer un política de sobrevaluación sustentable como se hizo desde 1990.

---

18 Léase, seguir engañando y continuar emitiendo tesobonos hasta el límite

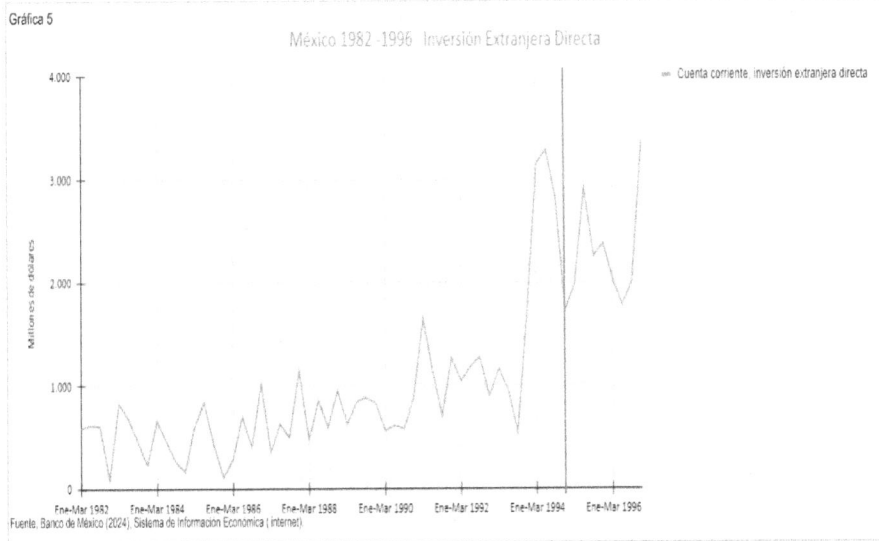

Gráfica 5. México 1982-1996 Inversión Extranjera Directa

Fuente: Banco de México (2024), Sistema de Información Económica (internet).

En diciembre de 1995, un año después de la crisis, el expresidente Carlos Salinas de Gortari dirigió una carta a los medios de comunicación en la que defendió su gestión económica y atribuyó la crisis a decisiones tomadas por el gobierno entrante de Ernesto Zedillo. En esta misiva, Salinas argumentó que su administración había dejado una economía estable y en crecimiento, y que las medidas adoptadas por el nuevo gobierno, como la devaluación abrupta del peso y la falta de acciones efectivas para contener la fuga de capitales, fueron las principales causas de la crisis financiera que afectó al país en diciembre de 1994.

Por otra parte Carsterns Agustin y Gil-Díaz (1997) quienes eran funcionarios del Banco de México en aquellos años y posteriormente secretarios de hacienda en los años 2000, hacen una pobre defensa de Salinas. Calculan diferentes medidas para establecer el tipo de cambio real y cuestionan que en realidad el tipo de cambio estuviera sobrevaluado.

Omiten que si no lo estuviera la balanza comercial por definición, estaría en equilibrio y no con con el déficit más grande su historia

Destaca cómo la comunidad económica se mostró renuente a reconocer los errores y fragilidades en las políticas implementadas, incluso cuando ya se vislumbraban problemas.

Argumentan contra la visión de muchos analistas sobre que la información financiara particularmente sobre las reservas, en realidad no era opaca y se ajustaba a los requerimientos y frecuencia con la que la mayoría de los países emergente publicaba sus datos.

Puede ser. Pero los parámetros de un país como México que se integraba a la economía más grande del mundo donde la información era mucho más transparente y oportuna, debían ser otros.

Una de las defensas más sorprendentes a la gestión cambiaria de Salinas es la del propio Banco de México, encabezado por Miguel Mancera Aguayo quien fue el primer gobernador del mismo, y que debiera ser independiente.

Afirma en el Informe 1994 que "*El* déficit de la cuenta corriente de la balanza de pagos aumentó en 1994. De acuerdo con una conocida identidad de la «Contabilidad Nacional», para una economía abierta, el saldo de la cuenta corriente de la balanza de pagos es igual a la diferencia entre la inversión total y el ahorro interno total. Por esa razón, a dicho déficit también se le denomina ahorro externo, ya que indica el monto de recursos del exterior utilizados para el financia*miento de la inversión interna*"

Cualquier economista sabe que esto solo es cierto si partimos de un tipo de cambio libre. Pensar que un déficit comercial que no se puede sostener es ahorro nacional no tiene sentido. En realidad, este déficit estuvo financiado por deuda, primero privada y posteriormente con la emisión de tesobonos se sustituyó en pública

Y continúa:

"El incremento del déficit corriente registrado en 1994 es imputable, como se explica en el cuerpo de este Informe a los siguientes factores: a la reactivación de la inversión tanto privada como pública, y a una disminución del ahorro del sector público mayor que el aumento del ahorro del sector privado. Con frecuencia se ha mencionado que el déficit de la cuenta corriente y la apreciación del tipo de cambio real fueron los principales causantes de las devaluaciones de diciembre pasado. Esta tesis merece un análisis cuidadoso."

"Es inexorable que cuando un país recibe cuantiosas entradas de capital, como le sucedió a México en los últimos años, el tipo de cambio real tienda a apreciarse de manera natural. Pero en la medida en que la apreciación vaya acompañada de incrementos en la productividad de la mano de obra, no se puede considerar que aquélla implique una pérdida de competitividad con el exterior. La notable expansión de las exportaciones mexicanas ocurrida en los últimos años constata la validez de este argumento "

La verdad es que "el proceso natural nunca existió". El tipo de cambio estaba controlado. Los datos de aumento de la productividad de la mano de obra son irrelevantes para esta situación. La competitividad la define el tipo de cambio real. Las exportaciones crecieron una vez se eliminó el control cambiario y sobrevaluación después de 1995

En resumen, me parece que Salinas y su equipo, hacen un gran esfuerzo para intentar defender su política cambiaria sin mayor fundamento, pero no obstante esto, resulta increíble que una teoría tan de débil tuviera tanta aceptación en ciertos sectores informados de la opinión pública que veían a Salinas como un gran estadista y a Zedillo como un presidente inexperto y torpe.

Lo que sucedió en los años posteriores pone clara las cosas. Salinas resultó un presidente muy desprestigiado y Zedillo goza de una buena imagen en la actualidad (2024)

## 4.9 La ruptura Salinas Zedillo

El 28 de febrero de 1995, en un hecho inusual y sin precedentes en la política mexicana, el expresidente Carlos Salinas realizó una llamada telefónica en vivo al noticiero "24 Horas" del medio día conducido por Abraham Zabludovsky en Televisa, la cadena de televisión más influyente del país. Durante la transmisión, Salinas buscó defenderse de las acusaciones que se estaban formulando en su contra y en contra de su hermano Raúl Salinas de Gortari y volvió a exigir al gobierno de Zedillo que reconociera los "errores cometidos" en diciembre de 1994.

Horas después Raúl Salinas hermano del expresidente fue arrestado bajo la acusación de ser el autor intelectual del asesinato de José Francisco Ruiz Massieu, exsecretario general del Partido Revolucionario Institucional (PRI) y cuñado de Carlos Salinas, ocurrido el 28 de septiembre de 1994.

Además del cargo de homicidio, surgieron señalamientos sobre enriquecimiento ilícito y corrupción en contra de Raúl Salinas, incluyendo cuentas bancarias millonarias en el extranjero.

Carlos Salinas utilizó el espacio para defender la inocencia de su hermano y cuestionar el proceder del gobierno de Ernesto Zedillo, su sucesor y miembro del mismo partido político.

Salinas acusó al gobierno de Zedillo de llevar a cabo una persecución política en su contra y de utilizar a su hermano como un "chivo expiatorio" para desviar la atención de la crisis económica y de las decisiones erróneas que, según él, había tomado la nueva administración.

Hizo además un llamado a la sociedad y a los miembros del PRI para cerrar filas y evitar que el país cayera en una mayor inestabilidad política y económica.

La confrontación pública entre Salinas y Zedillo representó una ruptura significativa dentro del PRI y en la tradición política mexicana, donde los expresidentes generalmente se retiraban de la vida pública y no criticaban a sus sucesores.

La llamada de Salinas fue percibida por muchos como un intento desesperado por influir en el curso de las investigaciones y proteger a su hermano, lo que afectó aún más su imagen pública.

La respuesta firme de Zedillo y el avance de las investigaciones fueron vistos por algunos analistas como pasos importantes hacia la consolidación de un Estado de derecho y la lucha contra la corrupción.

Las divisiones internas y los escándalos dañaron la credibilidad del partido, contribuyendo a su debilitamiento en años posteriores y abriendo espacio para la alternancia política que se materializó en el año 2000 con la elección de Vicente Fox del Partido Acción Nacional (PAN) como presidente.

## 5. El Fobaproa y el manejo político de Zedillo

### 5.1 La nueva estrategia con los bancos

Ernesto Zedillo tenía la presión no solo de Salinas sino de los grupos de económicos que se habían visto afectados por la devaluación que había empezado en diciembre de 1994 y continuaba durante los primeros meses de 1995.

Ya discutimos que era la medida correcta que incluso se debió hacer mucho antes, pero numerosos deudores mexicanos y ahora también inversionistas extranjeros que creyeron en la promesa del gobierno incluso fondos de pensiones estadounidenses que invirtieron en México se sintieron traicionados.

La nueva estrategia era ajusta la economía, pero prometer un rescate, directo, discrecional con dinero del erario para calmar a estos grupos.

Además de permitir un ajuste necesario al sector externo, daba la nueva señal políticamente importante: Ahora la estrategia la diseñaba el presidente. Los grupos afectados serán rescatados, pero él dirá como.

Para ello Zedillo implantó el Fondo Bancario de Protección al Ahorro (Fobaproa) en 1995 como respuesta a la crisis financiera desatada tras el "error de diciembre" y la devaluación del peso. La crisis además había dejado al sector bancario mexicano en una situación crítica, ya que la alta inflación y las tasas de interés aumentaron drásticamente los costos de financiamiento, dificultando que las empresas y los individuos pudieran pagar sus deudas. Esta incapacidad para cumplir con los pagos generó una crisis de insolvencia en el sistema bancario, afectando a los bancos al punto de estar al borde del colapso.

Zedillo decidió intervenir mediante el Fobaproa con dos objetivos principales: **proteger el ahorro de los ciudadanos** y **evitar una crisis bancaria generalizada** que podría haber paralizado la economía. A continuación, los elementos clave del programa:

El Fobaproa adquirió la cartera vencida de los bancos, lo cual permitió que las instituciones bancarias con problemas de liquidez pudieran "limpiar" sus balances. La medida buscaba evitar que estas instituciones colapsaran, proporcionando un alivio financiero temporal.

El programa convirtió la deuda de los bancos rescatados en deuda pública, lo cual significó que el gobierno absorbió una gran cantidad de deudas privadas, transfiriéndolas al erario. Esto generó una enorme carga para las finanzas públicas, pues el costo del rescate se trasladó al Estado y, en última instancia, a los contribuyentes.

El Fobaproa tenía la intención de asegurar la estabilidad del sistema bancario en el largo plazo, manteniendo la confianza de los inversionistas y de los depositantes en las instituciones financieras mexicanas. La medida ayudó a evitar un retiro masivo de fondos y una crisis de confianza que podría haber afectado la economía aún más profundamente.

Aunque el Fobaproa evitó un colapso inmediato, también llevó a una reestructuración del sistema bancario y permitió la entrada de capital extranjero en los bancos mexicanos. Esto cambió la estructura del sistema bancario y facilitó la eventual venta de instituciones financieras a bancos extranjeros.

El Fobaproa fue una medida altamente controvertida, ya que implicó el uso de recursos públicos para rescatar a instituciones financieras privadas, dejando al Estado con una deuda significativa que afectaría a las finanzas públicas durante años. La falta de transparencia en la operación y la percepción de que algunos bancos y empresarios se beneficiaron del rescate generaron una fuerte crítica pública.

De acuerdo con un informe parlamentario de auditoría, el rescate bancario costó al Gobierno mexicano 1.25 billones de pesos (cerca de 70.000 millones de euros) entre 1995 y 2004. El Estado sólo recuperó 43.600 millones de pesos con los activos que respaldaban los préstamos impagados asumidos." ¡ Sólo el 3.4% ! [19]

---

19 Thomas Black, (2008 ), "El fallido rescate mexicano " Bloomberg

El Fobaproa mexicano es comparable a otros rescates bancarios internacionales, como el de Estados Unidos durante la crisis financiera de 2008 y el rescate de bancos en varios países europeos en la misma época. Sin embargo, el Fobaproa se distingue por su bajo nivel de recuperación de créditos incobrables en comparación con otros países, lo que generó un alto costo para el Estado y los contribuyentes sin obtener los mismos beneficios de reembolso que en otros rescates.

## 5.2 Comparación con otros rescates bancarios en el mundo [20]

*1. Estados Unidos (2008) - Programa TARP (Troubled Asset Relief Program):*

- En respuesta a la crisis de las hipotecas subprime, Estados Unidos implementó el TARP en 2008 para adquirir activos tóxicos y fortalecer el capital de los bancos. Este programa asignó aproximadamente 475,000 millones de dólares a instituciones financieras, pero gran parte de estos fondos fue recuperada a través de reembolsos, dividendos e intereses.

- La recuperación fue posible porque el gobierno se convirtió en accionista temporal de algunas instituciones y estableció condiciones estrictas para el uso de fondos, además de supervisar los activos y liquidarlos estratégicamente.

- A pesar del alto costo inicial, el TARP logró recuperar alrededor del 80% de los fondos invertidos, minimizando el impacto neto para el gobierno.

*1. Rescates bancarios en Europa (2008-2012):*

- Varios países europeos, como el Reino Unido, Irlanda y España, también implementaron rescates para enfrentar la crisis bancaria. Estos rescates incluyeron compras de acciones, adquisiciones de activos tóxicos y garantías a instituciones financieras.

---

20 Chat GPT

- Reino Unido, por ejemplo, nacionalizó parcialmente instituciones como Royal Bank of Scotland y Lloyds, recuperando una parte considerable de los fondos mediante ventas de acciones cuando los bancos estabilizaron su situación.

- En el caso de Irlanda y España, el rescate tuvo un costo mayor para el Estado, pero se implementaron reformas bancarias y mecanismos de reestructuración que permitieron recuperar una proporción de los fondos.

- Tasa de recuperación: Los países europeos lograron recuperar entre 50% y 70% de los recursos asignados a los rescates bancarios, con variaciones dependiendo del país y el nivel de deuda pública absorbida.

2. *México (1995) - Fobaproa:*

    - A diferencia de los rescates en Estados Unidos y Europa, el Fobaproa enfrentó grandes desafíos en la recuperación de los créditos incobrables. La falta de una supervisión estricta y la ausencia de condiciones rigurosas para la liquidación de activos en México resultaron en una recuperación de solo **aproximadamente el 4 % de los fondos**.

    - Uno de los factores fue la conversión de una gran parte de la deuda privada en deuda pública sin mecanismos de reembolso efectivo por parte de los deudores originales, lo cual limitó el potencial de recuperar los fondos. Además, algunos créditos incobrables fueron transferidos con poca o nula transparencia, lo que generó un uso ineficiente de los recursos públicos.

    - La recuperación de fondos fue limitada, lo que dejó una carga significativa en la deuda pública mexicana durante años.

La diferencia en la tasa de recuperación del Fobaproa en comparación con otros rescates radica en varios factores

- Falta de condiciones estrictas para los bancos rescatados, lo que permitió que se transfirieran créditos incobrables sin mecanismos para exigir la responsabilidad de los bancos en su administración.

- **Débil supervisión gubernamental** en la reestructuración de los bancos y en la liquidación de activos, lo que permitió prácticas opacas y limitó la transparencia del proceso.

- Ausencia de participación del gobierno como accionista, lo cual fue común en otros rescates, donde el Estado adquirió acciones para beneficiarse de la recuperación financiera de las instituciones.

- Créditos otorgados a personas cercanas al poder sin mecanismos claros para su cobro, lo cual debilitó la confianza pública en el Fobaproa y limitó la efectividad de la recuperación.

Era claro que el objetivo principal del Fobaproa era rescatar en primera instancia a los deudores mexicanos que desde 1990 tenían importantes pasivos en dólares. Eso explica la tan baja tasa de recuperación, pero aún así una vez liberalizado el tipo de cambio y rescatados a los bancos, se generaron condiciones de estabilidad que permitieron a México aprovechar la enorme expansión económica de Estados Unidos.

## 5.3 Presiones políticas y el acercamiento a la oposición

En noviembre de 1995, Javier Moreno de El País escribe "Un falso rumor de golpe de Estado militar en México crispó ayer aún más el frágil clima que viven los mercados financieros del país desde la crisis de diciembre pasado, y cuyo virulento rebrote en las últimas semanas está poniendo en apuros al Gobierno del presidente Ernesto Zedillo. La enloquecida demanda de dólares que se desató hundió el peso mexicano casi un 6% en cuestión de horas y forzó tanto a las autoridades mexicanas como a las estadounidenses a desmentir oficialmente los infundios "

En 1995, México vivió un ambiente de inestabilidad política y económica tras la crisis financiera de diciembre de 1994, lo que generó rumores sobre un posible golpe de estado contra el presidente Ernesto Zedillo. Estos rumores surgieron en un contexto de descontento social, desconfianza en las instituciones, y críticas a la administración de Zedillo, especialmente por las medidas de austeridad y la implementación del Fobaproa, que impusieron una gran carga financiera sobre la población.

Se sabe que los rumores de un golpe de estado provenían principalmente de sectores militares y políticos inconformes con la gestión de Zedillo y su manejo de la crisis económica. Los problemas de legitimidad en el gobierno, la crisis del peso, y las tensiones con el Ejército Zapatista de Liberación Nacional (EZLN) en Chiapas contribuyeron a crear una atmósfera de inseguridad que fue propicia para estos rumores. También hubo reportes de que algunos sectores dentro del ejército expresaban su descontento por la situación en Chiapas y consideraban que la gestión de Zedillo debilitaba la posición del Estado mexicano ante grupos insurgentes.

Sin embargo, el golpe nunca se concretó, y no existen pruebas oficiales de que hubiera un intento real o una planificación formal para derrocar al presidente. Parte de la estabilización del gobierno de Zedillo se debió a su respuesta rápida y decidida al problema económico, que incluyó el paquete de rescate internacional liderado por Estados Unidos y organismos internacionales. Además, Zedillo implementó medidas de seguridad en Chiapas y mantuvo el control del ejército bajo una estricta vigilancia institucional para evitar el incremento de las tensiones internas.

## La crisis de 1994

En retrospectiva, los rumores de golpe de estado reflejan el ambiente de incertidumbre y crisis por el que atravesaba México en ese momento. Aunque no se haya comprobado un intento formal, estos rumores muestran la fragilidad de la situación política de Zedillo en sus primeros años de gobierno y la importancia de las decisiones que tomó para evitar un colapso institucional.

Entre 1995 y 1996, Ernesto Zedillo adoptó una estrategia de apertura hacia la oposición y de fortalecimiento de la democracia en México, distanciándose del tradicional control del PRI sobre el poder. Esto generó tensiones dentro de su propio partido, y algunos miembros del PRI llegaron a considerarlo un traidor debido a las reformas que buscaban dar más transparencia y equilibrio al sistema político, que históricamente había beneficiado al PRI.

Zedillo promovió reformas políticas que incluyeron la creación de instituciones independientes, como el Instituto Federal Electoral (IFE), que buscaban garantizar elecciones más justas y transparentes. Estas reformas se negociaron con la oposición, en particular con el PAN (Partido Acción Nacional) y el PRD (Partido de la Revolución Democrática), y fueron vistas como un avance hacia la democratización, reduciendo la influencia del PRI en los procesos electorales.

Zedillo mantuvo un diálogo abierto y constante con figuras clave de la oposición, como Diego Fernández de Cevallos (PAN) y Cuauhtémoc Cárdenas (PRD), logrando acuerdos que permitirían una mayor representación y acceso de la oposición en el Congreso. Esta colaboración incluyó reformas a nivel estatal, promoviendo la autonomía de gobiernos locales y fortaleciendo el federalismo, un cambio significativo en un país donde el PRI había ejercido un control centralizado durante décadas.

Frente al conflicto con el Ejército Zapatista de Liberación Nacional (EZLN), Zedillo trabajó con los líderes de la oposición para buscar una solución política que atendiera las demandas de los pueblos indígenas. Aunque hubo fricciones, Zedillo impulsó los **Acuerdos**

**de San Andrés** en 1996, que reconocieron algunos derechos de las comunidades indígenas y sentaron las bases para una reforma en sus derechos constitucionales.

El acercamiento de Zedillo a la oposición y sus políticas de reforma fueron mal recibidas por sectores conservadores y tradicionales del PRI, que consideraban que estas decisiones minaban el poder del partido y ponían en riesgo su hegemonía. Varias figuras del PRI percibieron estas acciones como una traición, especialmente aquellos que esperaban que el presidente mantuviera el control del partido y preservara los intereses priistas.

Entre los sectores que criticaron a Zedillo, se encontraba la vieja guardia del PRI, que veía en sus reformas un peligro para el sistema político que había mantenido al partido en el poder por más de 70 años. Algunos líderes priistas consideraron que las reformas de Zedillo podrían debilitar al PRI en las elecciones futuras, permitiendo que la oposición ganara más poder en el gobierno, lo cual se materializó con la derrota del PRI en las elecciones presidenciales de 2000.

El legado de Zedillo en cuanto a su apertura hacia la oposición es visto como uno de los pasos más importantes hacia la democratización de México, aunque también lo convirtió en una figura polémica dentro de su propio partido. Al dar pasos hacia una democracia más abierta, Zedillo pavimentó el camino para que, eventualmente, el PRI perdiera la presidencia en el año 2000, algo inimaginable pocos años antes.

## 5.4 La Reforma Política de 1996

La reforma política de 1996 en México fue un hito importante hacia la democratización del país y resultó de intensas negociaciones entre el presidente Ernesto Zedillo, el PRI, y los principales partidos de oposición, especialmente el PAN (Partido Acción Nacional) y el PRD (Partido de la Revolución Democrática). Esta reforma buscaba responder a la creciente demanda de elecciones más transparentes y un sistema político más justo, que reflejara mejor la pluralidad de la sociedad mexicana.

Las negociaciones de la reforma política comenzaron con una serie de mesas de diálogo entre Zedillo y los líderes de los principales partidos de oposición, como Diego Fernández de Cevallos del PAN y Cuauhtémoc Cárdenas del PRD. Zedillo se mostró dispuesto a ceder control del PRI sobre los procesos electorales y a establecer reglas más equitativas, comprometiéndose a no interferir en las decisiones del IFE (Instituto Federal Electoral).

Para lograr consenso, Zedillo aceptó que el IFE y el Tribunal Electoral fueran organismos autónomos y verdaderamente independientes, lo cual fue una de las principales demandas de la oposición. Asimismo, el gobierno se comprometió a implementar mecanismos para garantizar la imparcialidad de los procesos electorales, como el financiamiento público a partidos y la regulación de campañas políticas.

Aunque la reforma fue inicialmente vista con resistencia dentro del PRI, las negociaciones dieron como resultado un acuerdo multipartidista que comprometió al PRI a apoyar la reforma. Esto fue posible porque Zedillo impulsó un acuerdo pragmático entre los sectores progresistas y conservadores del partido, argumentando que era un cambio necesario para la estabilidad y legitimidad del sistema político mexicano.

La reforma política de 1996 introdujo varios cambios clave en el sistema electoral y político de México:

El IFE se transformó en un organismo verdaderamente autónomo, eliminando el control del gobierno y del PRI sobre el proceso electoral. La estructura del IFE fue modificada para garantizar su independencia, y sus consejeros fueron elegidos de manera independiente a través de un proceso plural y transparente.

El TEPJF se consolidó como la máxima autoridad en materia electoral, con facultades para resolver conflictos y validar elecciones de manera autónoma. Esto aseguraba un sistema de justicia electoral imparcial y brindaba a los ciudadanos y partidos una instancia confiable para resolver disputas.

Se establecieron reglas para el financiamiento público de los partidos políticos, así como límites al financiamiento privado y transparencia en el uso de recursos. Además, la reforma reguló los tiempos de campaña y el acceso equitativo de los partidos a los medios de comunicación, buscando evitar ventajas desproporcionadas.

La reforma incrementó el número de escaños en la Cámara de Diputados y estableció un sistema mixto de representación proporcional, que dio mayor espacio a los partidos minoritarios y redujo el poder del partido dominante (el PRI). Con esto, el Congreso mexicano se volvió más plural y reflejó mejor la diversidad política del país.

Se impusieron límites para evitar que el partido mayoritario obtuviera una representación excesiva en el Congreso, impidiendo que un solo partido tuviera una mayoría absoluta sin el respaldo proporcional de votos en la elección.

La reforma política de 1996 fue fundamental para la transición democrática de México, ya que estableció las bases para elecciones más transparentes y equitativas y consolidó la independencia de las instituciones electorales. Este cambio permitió que la oposición tuviera mayor representación y allanó el camino para la alternancia en el poder, culminando con la histórica derrota del PRI en el año 2000, cuando Vicente Fox, del PAN, se convirtió en presidente. Aunque la reforma no eliminó todos los problemas de corrupción y control político, representó un avance significativo en el fortalecimiento de la democracia

En 1997, el Partido de la Revolución Democrática (PRD) ganó la Ciudad de México, y en 2000, con la victoria de Vicente Fox del Partido Acción Nacional (PAN), México experimentó su primera alternancia en el poder después de más de 70 años de gobiernos del PRI.

Esto fue un hito que muchos consideraron la llegada de la democracia en México, aunque esta democracia era imperfecta y aún con signos de corrupción.

# 6. Evolución posterior

## 6.1 Los 24 se dividen. Los industriales y lo financieros

Como vimos ya, la crisis del 1994 tuvo una etapa inicial (Tesobonos) que benefició al grupo "industrial" y una segunda a partir del 1995 (Fobraproa) que benefició al "financiero".

Solo la segunda ha sido cuestionada

Ambos casos obedecen al mismo proceso, pero los primeros han logrado sortear bien la transición democrática y apertura política de México. A partir de fines de 1994 ambos grupos originalmente unidos en torno al presidente Salinas, corrieron por caminos separados.

La pérdida de influencia de Roberto Hernández, entonces director de Banamex, y de otros importantes financieros mexicanos tras el Fobaproa se debió a varios factores, entre ellos el impacto negativo en la percepción pública, el distanciamiento de otros oligarcas y el escrutinio creciente hacia los beneficiarios del rescate bancario. El Fobaproa, al convertirse en uno de los rescates financieros más controvertidos en la historia de México, generó una ola de críticas que afectó a muchos de los principales banqueros y empresarios que se percibió se beneficiaron a costa de los contribuyentes.

El conflicto entre Roberto Hernández, director de Banamex, y Ricardo Salinas Pliego, fundador y presidente de Grupo Salinas, fue uno de los enfrentamientos empresariales más notorios en México en la década de 2000. La rivalidad se originó en torno a cuestiones de competencia y, especialmente, a diferencias en cómo cada uno veía el papel de las instituciones financieras y el acceso al crédito en el país. Este pleito reflejó el choque entre dos enfoques distintos en los negocios y en el poder financiero: el de los bancos tradicionales, representados por Banamex y Roberto Hernández, y el de los nuevos modelos de financiamiento al consumo popular, liderados por Salinas Pliego y sus empresas, como Banco Azteca.

Por otra parte, la relación entre Carlos Slim, uno de los empresarios más influyentes de México, y Andrés Manuel López Obrador (AMLO), actual presidente de México, ha sido larga, compleja y marcada por momentos de cooperación, desacuerdo y reconciliación. Aunque Slim y López Obrador provienen de ámbitos distintos –el mundo empresarial y el de la política–, han encontrado puntos de convergencia a lo largo de las décadas.

López Obrador asumió la jefatura de Gobierno de la Ciudad de México en 2000, y durante su administración buscó alianzas con el sector privado para impulsar proyectos de desarrollo urbano. En este contexto, Carlos Slim jugó un papel importante en la renovación del Centro Histórico de la Ciudad de México, una iniciativa que involucró la inversión de Slim en infraestructura y rehabilitación de edificios históricos. Este proyecto fortaleció la relación entre Slim y López Obrador, pues ambos compartían el objetivo de revitalizar una zona clave de la capital.

En 2006, López Obrador se lanzó como candidato a la presidencia de México, representando una opción más progresista y crítica de las élites empresariales y políticas. Aunque Slim no se manifestó abiertamente en contra de López Obrador, tampoco lo respaldó de manera clara. La percepción de que López Obrador podría ser un candidato "radical" llevó a Slim a adoptar una postura más distante, en línea con otros empresarios. Aunque no hubo un rompimiento definitivo, las tensiones entre AMLO y el sector empresarial en esta etapa enfriaron la relación.

En su segunda candidatura presidencial en 2012, López Obrador reforzó su postura crítica hacia las élites económicas, aunque suavizó su discurso en comparación con 2006. Slim nuevamente se mantuvo a cierta distancia y no expresó apoyo explícito. En esta etapa, López Obrador criticó la concentración de la riqueza y el poder económico en pocas manos, una postura que indirectamente apuntaba a Slim, quien en ese momento era uno de los hombres más ricos del mundo. La relación entre ambos era cordial, pero se mantuvo en un plano de respeto sin llegar a una alianza.

En 2018, López Obrador logró construir una campaña de reconciliación, prometiendo gobernar "para todos" y dando señales de apertura hacia el sector empresarial. Durante esta campaña, Slim mostró una postura más abierta, aunque sin apoyar explícitamente al candidato. En una conferencia de prensa, Slim incluso expresó su respaldo al proyecto del Nuevo Aeropuerto Internacional de la Ciudad de México (NAICM), que AMLO criticaba duramente. Aunque el tema del aeropuerto generó tensiones, ambos evitaron confrontaciones directas, y tras el triunfo de López Obrador, Slim se comprometió a colaborar con su administración en proyectos de infraestructura.

Tras asumir la presidencia, López Obrador incluyó a Slim en varios proyectos estratégicos, como el Tren Maya y el desarrollo del Istmo de Tehuantepec. Aunque Slim no participó en todos los proyectos propuestos por AMLO, su empresa, Grupo Carso, fue contratada para la construcción de tramos del Tren Maya, uno de los proyectos insignia del gobierno. Esta colaboración simbolizó un acercamiento y mostró una relación pragmática, en la que ambos podían cooperar en áreas de interés común.

Durante la pandemia de COVID-19, Slim y AMLO mantuvieron una comunicación abierta sobre la recuperación económica del país. Slim participó en la Iniciativa Privada para contribuir a la adquisición de vacunas, y su fundación se asoció con otras entidades para apoyar los esfuerzos de salud. López Obrador también mantuvo reuniones con Slim y otros empresarios para discutir proyectos de infraestructura que ayudarían a la recuperación económica post-pandemia.

Tras el colapso de una sección de la Línea 12 del Metro de la Ciudad de México en 2021, Grupo Carso (de Slim), una de las constructoras originales de la línea, fue invitada a colaborar en las reparaciones y rehabilitación. Aunque el tema fue polémico, Slim y su empresa aceptaron participar en los trabajos de reconstrucción, en coordinación con el gobierno. López Obrador defendió a Slim públicamente, destacando su disposición para contribuir a la solución de la problemática, lo cual fortaleció su relación en un contexto de alta sensibilidad política.

## 6.2 Estabilidad macroeconómica y democracia

A partir de 1996, México logró un periodo de estabilidad macroeconómica tras una serie de reformas y políticas implementadas en respuesta a la crisis económica Este periodo de estabilidad fue resultado de decisiones clave en política monetaria, fiscal y financiera que establecieron una base sólida para un crecimiento sustentable y una menor vulnerabilidad ante crisis externas que han hecho que la crisis del 1994 haya sido la última crisis de este tipo en el país. [21]

Este proceso corresponde con la transición democrática que empieza en 1997 que asegura mucho mayor apertura y autonomía de las instituciones económicas y evita el manejo discrecional de las variables económicas que los gobiernos autoritarios normalmente hacen

De tal forma que la estabilidad macroeconómica que gozamos se debe a varios factores que me parece importante nombrar

El primero indudablemente es el contar con tipo de cambio libre que ha permitido tener en niveles de equilibrio la balanza comercial en un contexto de crecimiento importante de la inversión extranjera directa y la remesas por lo que el Banco de México comenzó a acumular reservas internacionales para fortalecer la posición externa del país, reduciendo la vulnerabilidad ante crisis de balanza de pagos. Asimismo,

Aunque el Banco de México era independiente legalmente desde el 1 de abril de 1994, solo viendo la declaraciones y trabajo de Miguel Mancera, era claro que no lo era.

La emisión monetaria enfocada exclusivamente en la estabilidad de precios, sin interferencias políticas es fundamental para la estabilidad de una economía abierta y compleja como la de México. A partir de 1996, el Banco de México implementó políticas de control de inflación mediante una estrategia de objetivos explícitos de inflación, logrando reducir la inflación de niveles superiores al

---
21 Aunque en 2009 y 2020- 22 tuvimos una recesión fuerte, es claro se debió a condiciones externas que una vez superadas permitieron recobrar el nivel de actividad previa, casi de forma inmediata

50% en 1995 a tasas de un solo dígito hacia fines de los años 90. Este control inflacionario ayudó a recuperar la confianza en el peso y en la economía mexicana, estabilizando el poder adquisitivo y reduciendo la incertidumbre.

Por otra parte, México implementó políticas de disciplina fiscal que se enfocaron en reducir el déficit público y en mantener una deuda manejable. El gobierno aplicó una serie de reformas fiscales que incluyeron la racionalización del gasto público y el fortalecimiento de los ingresos, especialmente a través de la modernización del sistema de recaudación de impuestos. La estabilidad fiscal redujo la necesidad de endeudamiento externo, mejoró la calificación crediticia del país y aumentó la confianza de inversionistas nacionales e internacionales en la solidez de las finanzas públicas.

Tras la crisis de 1994-1995, México aceleró su apertura comercial y buscó diversificar sus exportaciones. El Tratado de Libre Comercio de América del Norte (TLCAN), que entró en vigor en 1994, impulsó el crecimiento de las exportaciones mexicanas hacia Estados Unidos, reduciendo la dependencia del petróleo como fuente de divisas y fortaleciendo otros sectores, como la manufactura y la industria automotriz. Esta diversificación contribuyó a un crecimiento económico más estable y menos vulnerable a los shocks en los precios del petróleo.

El sistema bancario se fortaleció, y la entrada de capital extranjero permitió una mayor estabilidad, ya que bancos internacionales absorbieron el riesgo y mejoraron los estándares de operación en el sector financiero.

La estabilidad macroeconómica alcanzada permitió que México experimentara crecimiento económico moderado y sostenido, con tasas promedio de 2-4% anuales en las siguientes décadas. La inflación se mantuvo baja, la deuda pública controlada, y el sistema financiero se mantuvo sólido, incluso en crisis globales como la de 2008, donde México mostró resiliencia frente a los shocks internacionales. Esta estabilidad también permitió a México acceder a mejores condiciones de financiamiento en los mercados internacionales y a atraer inversión extranjera directa de manera constante.

Si bien el crecimiento económico fue moderado y no resolvió problemas de desigualdad y pobreza, la estabilidad macroeconómica a partir de 1996 estableció las bases para un entorno de mayor certidumbre y control sobre las variables económicas fundamentales en México, siendo un factor clave para la consolidación de la economía en las siguientes décadas.

## 6.3 Desarrollo exportador

Desde 1995, México experimentó un desarrollo exportador notable que ha transformado su economía y lo ha posicionado como uno de los principales exportadores a nivel mundial. Este crecimiento en el sector exportador fue impulsado principalmente por el Tratado de Libre Comercio de América del Norte (TLCAN), que entró en vigor en 1994, y por políticas que incentivaron la apertura comercial, la diversificación productiva y la atracción de inversión extranjera directa. Este enfoque hacia las exportaciones no solo fortaleció la economía mexicana, sino que también promovió un cambio estructural en su sector industrial y en su integración global.

La entrada en vigor del TLCAN en 1994 dio a México acceso preferencial a uno de los mercados más grandes y dinámicos del mundo: Estados Unidos. Este acuerdo eliminó barreras arancelarias y fomentó la integración comercial entre los tres países de América del Norte (México, Estados Unidos y Canadá). Como resultado, México se convirtió en un destino estratégico para empresas multinacionales que buscaban exportar a Estados Unidos desde una ubicación cercana y competitiva. Esto incentivó la producción en sectores clave como el automotriz, electrónico, y de autopartes, donde México se convirtió en un importante proveedor global.

Antes de los años 90, la economía mexicana era muy dependiente de las exportaciones de petróleo. Sin embargo, a partir de 1995, México comenzó a diversificar su base exportadora, fomentando sectores industriales como el manufacturero, el automotriz, el aeroespacial y el electrónico. Hoy, las exportaciones no petroleras representan más del 90% del total de las exportaciones mexicanas, lo que reduce la vulnerabilidad del país a las fluctuaciones de los precios internacionales del petróleo y le permite acceder a mercados más amplios y dinámicos.

México es un eslabón clave en las cadenas de suministro globales, especialmente en sectores como el automotriz y la electrónica. Además, el crecimiento de la maquila generó millones de empleos y mejoró la infraestructura en las zonas industriales del norte del país.

El marco legal y económico creado por el TLCAN, junto con políticas de apertura comercial, ha hecho de México un destino atractivo para la inversión extranjera directa. Empresas multinacionales, especialmente de Estados Unidos, Japón y Europa, establecieron operaciones en México para aprovechar sus ventajas de costos y su proximidad al mercado estadounidense. Esta inversión fue fundamental para desarrollar infraestructura, transferir tecnología y mejorar la capacidad productiva de México, consolidando sectores clave para la exportación.

México expandió su red de acuerdos comerciales, firmando tratados con más de 50 países, entre ellos la Unión Europea, Japón y países de América Latina. Esta red de acuerdos comerciales convierte a México en una de las economías más abiertas del mundo y facilita el acceso de sus productos a mercados diversos. Como resultado, el país ha diversificado sus destinos de exportación y ha reducido la dependencia de Estados Unidos, aunque este último sigue siendo su principal socio comercial.

Para apoyar el crecimiento exportador, México invirtió en infraestructura de transporte, como puertos, carreteras y ferrocarriles, facilitando el flujo de bienes y la conectividad entre sus regiones industriales y los mercados de exportación. El desarrollo de infraestructura también contribuyó a la reducción de los costos logísticos, lo que mejoró la competitividad de las exportaciones mexicanas.

Hoy en día, México es uno de los principales exportadores de América Latina y está entre los 15 países con mayor comercio exterior a nivel global. Las exportaciones mexicanas se han multiplicado desde 1995, y el país se ha consolidado como un importante proveedor de productos industriales y manufacturados a nivel mundial. El crecimiento del sector exportador ha sido uno de los motores del crecimiento económico en las últimas décadas y ha contribuido a la generación de millones de empleos.

La estrategia exportadora ha impulsado el desarrollo de clústeres industriales especializados en diferentes regiones del país. Por ejemplo, la industria automotriz se ha concentrado en estados como Guanajuato, Puebla y Coahuila, mientras que el sector aeroespacial se ha desarrollado en Querétaro. Estos clústeres han promovido una mejor integración de la cadena de valor, incrementando la eficiencia y la competitividad de las exportaciones mexicanas.

México se ha especializado en sectores de alta tecnología y valor agregado, como el automotriz, el aeroespacial y la electrónica. Las exportaciones de vehículos, autopartes, computadoras, dispositivos electrónicos y productos médicos representan una proporción importante del comercio exterior mexicano, lo que posiciona a México como un exportador competitivo y especializado en industrias avanzadas.

La diversificación exportadora ha permitido a México reducir su dependencia de los ingresos por exportación de petróleo. Mientras que en los años 80 el petróleo representaba una gran parte de las exportaciones, hoy en día el sector manufacturero representa más del 80% del total de las exportaciones mexicanas, lo que reduce la vulnerabilidad ante fluctuaciones en los precios del crudo y aporta estabilidad al comercio exterior.

## 6.4 La apertura financiera de 2001

A partir de 2001, varios de los bancos mexicanos más grandes fueron adquiridos por instituciones internacionales, cambiando completamente el panorama bancario en el país:

**Citigroup** adquirió Banamex** en 2001 por $12,500 millones de dólares. Esta compra fue una de las adquisiciones más grandes en la historia de México y marcó el inicio de la presencia de bancos internacionales en el país a gran escala. Banamex, uno de los bancos más antiguos e importantes de México, se integró en Citigroup, lo que trajo consigo una modernización de sus servicios y una red de productos globales.

**BBVA adquirió Bancomer** en varias etapas, consolidando su posición en 2000 y convirtiendo a BBVA Bancomer en el banco más grande de México. La presencia de BBVA permitió la introducción de productos financieros nuevos y facilitó la implementación de tecnología avanzada en servicios de banca en línea y digital.

**Santander**, que había comenzado a operar en México desde los años 90, incrementó su participación y consolidó su presencia mediante adquisiciones, convirtiéndose en uno de los bancos líderes en el país. Santander México se enfocó en expandir sus servicios para pequeñas y medianas empresas (Pymes) y promovió una red de servicios digitales.

**HSBC** compró Bital en 2002, convirtiéndose en uno de los primeros bancos extranjeros en atender segmentos de la población de menores ingresos. La adquisición de Bital permitió a HSBC expandirse en el mercado mexicano con una red amplia de sucursales y productos accesibles.

La entrada de bancos internacionales fomentó una mayor competencia en el mercado bancario mexicano, impulsando a los bancos locales y extranjeros a mejorar la calidad de sus servicios, ofrecer productos innovadores, y expandir sus redes de sucursales. La banca digital también comenzó a crecer rápidamente, pues los bancos extranjeros introdujeron tecnologías avanzadas y prácticas modernas, como la banca en línea y el acceso a redes internacionales de cajeros automáticos.

Si bien la inclusión financiera aún enfrenta desafíos en México, la llegada de bancos internacionales permitió una mayor expansión de los servicios bancarios en segmentos de la población que tradicionalmente no tenían acceso a servicios financieros. Bancos como HSBC y BBVA Bancomer invirtieron en productos y servicios adaptados para clientes de ingresos medios y bajos, y aumentaron la presencia de cajeros automáticos y sucursales en zonas urbanas y rurales.

La adquisición de bancos mexicanos por instituciones extranjeras más grandes y mejor capitalizadas fortaleció la solidez del sistema bancario. Durante la crisis financiera de 2008, por ejemplo, los bancos mexicanos mostraron mayor resiliencia gracias al respaldo de sus matrices internacionales, lo cual permitió a México evitar una crisis bancaria a gran escala y proteger los ahorros de los clientes.

La presencia de bancos internacionales también incentivó un mayor rigor en la supervisión y regulación financiera. La CNBV y el Banco de México adoptaron estándares más estrictos para supervisar a las instituciones extranjeras, garantizando que cumplieran con las normas locales y adoptaran prácticas de transparencia y gestión de riesgos.

Pero lo más importante es que se logró romper la colusión entre los banqueros nacionales y el gobierno y se consolidó un sistema financiero sano y eficiente.

## 6.5 Reconfiguración de intereses

En los años previos a 2001, México había comenzado a flexibilizar sus regulaciones para permitir la entrada de capital extranjero en el sector financiero. Sin embargo, fue en ese año cuando se consolidaron reformas que eliminaron muchas de las restricciones que limitaban la participación de instituciones extranjeras en la banca mexicana. La Comisión Nacional Bancaria y de Valores

(CNBV) y el Banco de México establecieron marcos regulatorios que facilitaron la adquisición de bancos locales por parte de extranjeros, incluyendo reformas en la Ley de Instituciones de Crédito.

La presencia de empresas extranjeras integradas al mercado internacional ha permitido que México se convierta en un eslabón importante en cadenas globales de valor, especialmente en sectores como la industria automotriz, aeroespacial y electrónica. Aunque esto ha impulsado la economía, también ha disminuido la relevancia de empresarios mexicanos en la producción de alto valor agregado, pues muchas de estas operaciones están controladas por multinacionales que tienen el poder decisivo en las cadenas de suministro.

La competencia de empresas extranjeras y la reducción del poder oligopólico de los empresarios mexicanos han promovido una mayor diversidad en algunos sectores, beneficiando al consumidor con mejores opciones de servicios y precios más competitivos. Esto es evidente en sectores como telecomunicaciones y banca, donde el poder de los monopolios locales ha disminuido y el acceso a servicios ha mejorado.

La menor participación de empresarios mexicanos en sectores estratégicos también ha reducido su capacidad de influencia en la formulación de políticas económicas. Con una mayor presencia de empresas extranjeras, la toma de decisiones y las políticas públicas deben ahora considerar a un grupo más diverso de actores económicos, incluyendo a las multinacionales y sus intereses globales, lo que limita la capacidad de las élites nacionales para ejercer control sobre la economía.

La llegada de empresas extranjeras ha fomentado la transferencia de tecnología y mejores prácticas empresariales, lo cual ha beneficiado a ciertos sectores de la economía mexicana. Las empresas mexicanas que han logrado integrarse a cadenas globales de valor han podido modernizarse, aunque la competencia de empresas extranjeras ha generado una consolidación en algunos sectores y ha desplazado a empresas nacionales menos competitivas.

La disminución de la participación de los empresarios mexicanos en la actividad económica y la reducción de su poder oligopólico han sido impulsadas por la apertura económica, el ingreso de empresas extranjeras y la integración de México al mercado global. Aunque esto ha traído beneficios, como mayor competencia, acceso a tecnología avanzada y una economía más abierta, también ha generado retos para los empresarios mexicanos tradicionales, quienes han perdido cuota de mercado y poder de influencia en sectores clave. Este cambio en la dinámica económica ha transformado la estructura empresarial del país, consolidando a México como un actor global, pero limitando el papel de las élites empresariales nacionales en algunos sectores estratégicos.

Los grupos de poder en México en 1994, representados por los 24 mexicanos en la lista de *Forbes*, mantuvieron una influencia significativa en la economía y la política del país. Empresarios como Carlos Slim Helú, Ricardo Salinas Pliego y Emilio Azcárraga Milmo consolidaron sus fortunas durante este período, en parte gracias a las condiciones económicas que les permitieron acceder a capital extranjero de manera ventajosa.

A pesar de los cambios económicos y políticos en las décadas siguientes, estos grupos de poder no han cambiado drásticamente hasta mi fecha de corte de conocimiento en octubre de 2023. Muchos de estos empresarios o sus herederos siguen siendo figuras prominentes en la economía mexicana. Por ejemplo:

- → Carlos Slim Helú continúa siendo uno de los hombres más ricos del mundo, con inversiones en telecomunicaciones, construcción y otros sectores clave.

- → Ricardo Salinas Pliego mantiene una posición destacada en los medios de comunicación y el comercio minorista a través de Grupo Salinas.

- → La familia Azcárraga, ahora liderada por Emilio Azcárraga Jean, sigue controlando Televisa, uno de los conglomerados mediáticos más grandes de habla hispana.

Sin embargo, el peso relativo de estos grupos se ha diluido ligeramente debido a la apertura económica y la globalización en los últimos años. La liberalización comercial y las reformas estructurales han permitido la entrada de competidores internacionales y el surgimiento de nuevos actores nacionales en diversos sectores. Esto ha incrementado la competencia y ha reducido, en cierta medida, el dominio absoluto que estos grupos tenían en la economía mexicana.

Además, la diversificación económica y el avance tecnológico han abierto oportunidades para nuevos empresarios y emprendedores, especialmente en industrias emergentes como la tecnología, el comercio electrónico y las energías renovables. Aunque los grupos de poder tradicionales siguen siendo influyentes, la estructura económica de México se ha vuelto más plural y dinámica.

A pesar de las transformaciones económicas y políticas ocurridas en México desde la década de 1990, la economía mexicana sigue siendo **concentrada**. Los **oligopolios** en sectores clave continúan teniendo una presencia dominante, lo que limita la competencia y afecta el desarrollo económico del país.

Los grandes conglomerados empresariales, muchos de ellos liderados por los mismos grupos de poder que emergieron en los años noventa, mantienen un control significativo en sectores como las telecomunicaciones, medios de comunicación, energía, banca y comercio minorista. Esta concentración económica se refleja en barreras de entrada para nuevos competidores, prácticas comerciales que pueden limitar la competencia y una influencia considerable en la formulación de políticas públicas.

Por ejemplo, en el sector de las **telecomunicaciones**, empresas como **América Móvil**, propiedad de **Carlos Slim Helú**, han mantenido una posición dominante durante décadas. Aunque ha habido esfuerzos regulatorios para fomentar la competencia y reducir las barreras, los avances han sido limitados, y el mercado sigue estando altamente concentrado.

En el ámbito de los **medios de comunicación**, los grandes conglomerados como **Televisa** y **TV Azteca**, encabezados respectivamente por las familias Azcárraga y Salinas, continúan siendo actores principales. Controlan gran parte del mercado televisivo y publicitario, lo que no solo afecta la diversidad de contenidos y opiniones disponibles para el público, sino que también influye en el acceso al mercado de nuevas empresas y en la pluralidad informativa.

La **banca** y el **sector financiero** también presentan altos niveles de concentración. Un pequeño número de instituciones financieras controla una proporción significativa de los activos bancarios, lo que puede limitar las opciones para los consumidores y las pequeñas y medianas empresas en términos de créditos y servicios financieros.

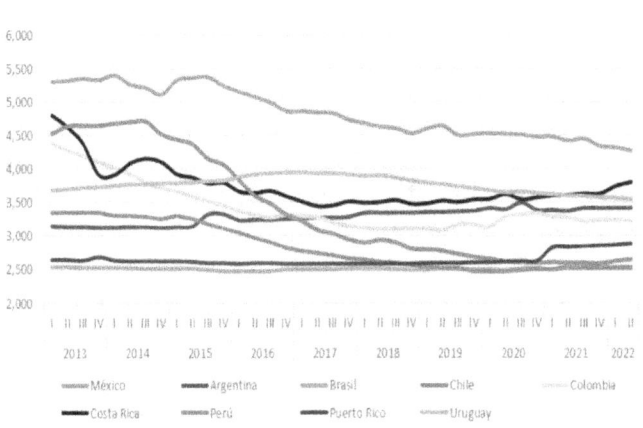

Fuente: The Competitive Intelligence Unit con información de reguladores y operadores de cada país

La **OCDE** ha estimado que la falta de competencia en sectores clave le cuesta a México hasta un **1% del PIB** anualmente en términos de eficiencia perdida y precios más altos para los consumidores. Además, el **Índice de Competitividad Global 2019** del Foro Económico Mundial ubicó a México en el lugar **48 de 141 países**, señalando desafíos significativos en áreas como la competencia en el mercado interno y la eficiencia del mercado laboral.

La **Comisión Federal de Competencia Económica (COFECE)** también ha identificado problemas de competencia en mercados como el transporte ferroviario, energía, servicios financieros y farmacéuticos. Según informes de la COFECE, en el sector farmacéutico, por ejemplo, prácticas anticompetitivas han resultado en sobreprecios de hasta un **57%** en medicamentos genéricos.

Aunque ha habido reformas y esfuerzos para promover la competencia, como la reforma de telecomunicaciones de 2013 que estableció el **Instituto Federal de Telecomunicaciones (IFT)**, los avances han sido limitados. El **Índice de Competencia Mundial 2021** del Instituto Internacional para el Desarrollo Gerencial (IMD) ubicó a México en el lugar **55 de 64 economías**, destacando la necesidad de mejorar el entorno competitivo.

En conclusión, los datos proporcionados por la **OCDE** y otros organismos internacionales respaldan el argumento de que la economía mexicana sigue siendo muy concentrada y poco competitiva. Los oligopolios en sectores clave continúan limitando la competencia, lo que afecta negativamente el crecimiento económico, la innovación y el bienestar de la población. Abordar estos desafíos requiere fortalecer las instituciones reguladoras, promover políticas que fomenten la competencia efectiva y reducir las barreras que perpetúan la concentración económica.

## 6.6 Las Reformas de Peña Nieto y el nuevo nacionalismo de AMLO

Las reformas económicas de Enrique Peña Nieto, impulsadas entre 2013 y 2014, buscaban modernizar y hacer más competitivo el sistema económico mexicano a través de la apertura de sectores estratégicos y la promoción de mayor competencia en mercados históricamente controlados por monopolios y oligopolios nacionales. Estas reformas afectaron intereses de empresarios mexicanos oligopólicos porque rompieron barreras de exclusividad y limitaron el control que algunos actores tenían en sectores clave. A continuación, un resumen de las principales reformas y su impacto:

## 1. Reforma energética

Abrir el sector de hidrocarburos y electricidad a la inversión privada y extranjera, terminando con el monopolio estatal de Pemex en petróleo y CFE en electricidad.

La apertura de este sector afectó a empresarios y proveedores nacionales que tradicionalmente trabajaban con Pemex o CFE bajo condiciones protegidas. Además, la llegada de empresas extranjeras en exploración, extracción y generación de energía desafió a los proveedores locales, quienes enfrentaron competencia con empresas tecnológicamente avanzadas y mejor capitalizadas.

## 2. Reforma en telecomunicaciones

Reducir los costos de telecomunicaciones y mejorar la calidad de los servicios, limitando el poder de empresas dominantes en telefonía y televisión.

La reforma incluyó regulaciones contra actores preponderantes, como América Móvil (de Carlos Slim) y Televisa, limitando su control en el mercado y obligándolos a compartir infraestructura. Esto debilitó la capacidad de estos grupos para fijar precios y controlar el acceso, impactando sus ingresos y permitiendo que nuevos jugadores ingresaran al mercado.

## 3. Reforma financiera

Ampliar el crédito disponible para pequeñas y medianas empresas (pymes) y consumidores a mejores tasas de interés, incentivando la competencia en el sector bancario.

La reforma presionó a los bancos, muchos de los cuales eran dominados por extranjeros, pero con fuerte presencia local, a flexibilizar sus prácticas crediticias y reducir tasas. Esta medida amenazaba las elevadas utilidades que los bancos obtenían en un mercado con poca competencia.

### 4. Reforma fiscal

Aumentar la recaudación tributaria y reducir la dependencia de los ingresos petroleros mediante impuestos progresivos y eliminación de privilegios fiscales.

Empresarios de sectores beneficiados con deducciones y exenciones se vieron afectados. La eliminación de estos privilegios fiscales y el incremento de la carga tributaria para sectores de altos ingresos.

La oposición de Andrés Manuel López Obrador a las reformas estructurales de Enrique Peña Nieto, especialmente la energética y la de telecomunicaciones, se fundamentó en una perspectiva nacionalista que buscaba proteger la soberanía económica de México y los recursos estratégicos nacionales. López Obrador argumentó que estas reformas promovían una excesiva dependencia de intereses extranjeros y debilitaban la capacidad del Estado para controlar sectores clave de la economía.

López Obrador se opuso enérgicamente a la reforma energética, afirmando que abrir el sector a la inversión extranjera comprometía la soberanía sobre los recursos naturales de México, particularmente el petróleo y el gas. Desde su perspectiva, la reforma permitía a empresas extranjeras extraer y beneficiarse de recursos que deberían permanecer bajo control nacional. Para él, Pemex y CFE representaban símbolos de la independencia económica del país, y su apertura al capital privado constituía una pérdida de autonomía.

López Obrador defendió la idea de que el Estado debería jugar un papel dominante en sectores estratégicos para garantizar que las ganancias de estos sectores se reinviertan en México y beneficien directamente a los mexicanos. Consideraba que la reforma permitía a compañías privadas, especialmente extranjeras, obtener grandes beneficios a expensas del Estado, debilitando a Pemex y a CFE y, con ello, la autosuficiencia energética y económica del país.

Para López Obrador, la apertura de sectores estratégicos al capital extranjero no solo significaba pérdida de control, sino también el riesgo de que México se volviera dependiente de intereses financieros externos. Desde su perspectiva, las reformas eran una continuación de políticas neoliberales que subordinaban los intereses nacionales a los del mercado global, en detrimento de la estabilidad y seguridad económica de México.

López Obrador argumentó que las reformas eran un camino indirecto hacia la privatización de activos nacionales, especialmente en el sector energético. Desde una perspectiva nacionalista, consideraba que esta apertura solo beneficiaba a una minoría de empresarios y capitales extranjeros, mientras el pueblo mexicano quedaba excluido de las ganancias de sus propios recursos.

Aunque reconocía la necesidad de mejorar el acceso a servicios como telecomunicaciones y energía, López Obrador defendía que estas mejoras debían lograrse mediante el fortalecimiento del Estado y sus empresas, no mediante la intervención de actores externos. Su enfoque priorizaba el desarrollo de infraestructura nacional y el mercado interno, buscando una economía menos dependiente de las fluctuaciones y presiones externas.

Ya en la presidencia, López Obrador emprendió una política de "rescate" de Pemex y CFE, buscando recuperar el control del Estado sobre el sector energético y limitar la participación privada. Ha intentado revertir aspectos clave de las reformas energéticas y ha impulsado políticas de autosuficiencia y desarrollo de recursos nacionales, argumentando que esto protege la soberanía de México y asegura que los recursos estratégicos beneficien directamente al pueblo mexicano.

La oposición de López Obrador a las reformas de Peña Nieto desde una perspectiva nacionalista se centra en la defensa de la soberanía, el control estatal de los sectores estratégicos y la autosuficiencia económica.

## 7. Conclusión. A 30 años

Carlos Slim es un empresario con dimensión social: AMLO

### 7.1 El proceso de corrupción más grande la Historia

La crisis de 1994, fue el proceso de corrupción más grande la historia de México. Costo a la nación más de 121 mil millones de dólares que corresponden al 32 % del PIB de 1995

De esta enorme cantidad al menos 69 mil millones resultaron en transferencias directas a un grupo más o menos identificable de personas muy cercanas al gobierno de Carlos Salinas

Desde 1995 y sobre todo a partir del año 2000, el tipo de cambio es libre

A partir de ese momento terminaron las crisis económicas de fin de sexenio

El sector externo ha crecido y la economía actual es mucho más compleja

Este proceso coincide con la transición democrática de México

## Costo Público de la Crisis del 94

|  |  | (millones de usd) | (% PIB) |
|---|---|---|---|
| 1994 | Tesobonos | 29,000 |  |
|  | Pérdida reservas | 18,000 |  |
| 1995 - 1996 | Fobaproa | 74,094 |  |
|  |  | 121,094 | 32% * |

\* de 1995
Fuente. Cálculos propios, con base a FMI y Banco de México

La sobrevaluación del peso que comienza en 1987, justificada por las condiciones extraordinarias del momento después de la caída de los precios del petróleo, deja de serlo en 1990 cuando al deudo externo disminuye debido a la caída en las tasas de interés y la Balanza Comercial esta en cero.

Sin embargo, este proceso no sustentable, aspecto bien conocido por los funcionarios del gobierno de Salinas, se mantuvo hasta después del fin de su sexenio en 1994 cuando finalmente detona la crisis,

México en 1994 es como el Titanic que se hunde mientras la música sigue sonando. Algunos pocos saben lo que sucede y están listos para subir a las pocas lanchas salvavidas que no son suficientes para salvar a todos

Fue una crisis evitable.

No se debió a como muchos han argumentado a "las nuevas condiciones económicas debidas a la globalización".[22]

Tuvo causas internas bien localizadas.

Fue el resultado de una serie de decisiones políticas y económicas de un régimen todavía autoritario, que buscaban mantener una estabilidad aparente a corto plazo, a costa de comprometer el bienestar futuro de la economía mexicana. Carlos Salinas de Gortari fue uno de los principales actores en este proceso. Sus políticas de tipo de cambio fijo, endeudamiento encubierto, y sus vínculos con grupos de poder contribuyeron de manera significativa a la situación que culminó en la crisis. Las repercusiones de estos eventos se sienten incluso hoy en día, y la historia de 1994 sigue siendo un ejemplo de cómo las decisiones de una élite política y económica pueden tener efectos devastadores para todo un país.

---

22 Así lo afirmó Ernesto Zedillo en entrevista con Enrique Krauze en 2002 cuando dijo además que México había sido el chivo expiatorio de este nuevo orden.

## 7.2 Tipo de Cambio Libre y Democracia

A partir de 1994, muchas cosas han cambiado en México. Es una economía más abierta y compleja. El sector externo de la economía se ha desarrollado como nunca y cambió la dinámica económica del país

Somos el socio comercial más importante de Estado Unidos y captamos una inversión extranjera directa considerable.

El sector externo que había sido el detonante de la inestabilidad macroeconómica desde 1976, es otro. La balanza comercial está en equilibrio desde 1997 así los niveles de reserva internacionales están en niveles récord y es de más de 20 veces el que tuvimos en diciembre de 1994

### México 1994 vs 2024

| | | 1994 | 2024 |
|---|---|---|---|
| **Cuenta Corriente** | (mmd) | -28.8 | -5.7 |
| **PIB** | (mmd) | 553 | 1811 |
| **tipo de cambio real** | (1990=1) | 0.78 | 1.06 |
| **inversión extranjera** | (mmd) | 7.9 | 36 |
| **reservas internacionales** | (mmd) | 9 | 212 |
| **tasa de interés** | (% anual) | 19.98 | 10.75 |
| **inflación** | (% anual) | 7.1 | 4.99 |

Fuente . Banco de México

Pero como ya mencione, el cambio institucional más importante que hemos tenido en los últimos 30 años en la economía de México es de tipo institucional y es la liberalización del tipo de cambio. Hasta 1994 el tipo de cambio, que es sin duda el precio más importante de la economía, era definido por el gobierno que estaba comprometido a mantenerlo dentro de una banda de fluctuación. A partir de eses momento y sobre todo con la autonomía creciente del Banco de México para fijar tasas de interés, el tipo de cambio está cada vez más establecido por el mercado. Lo que permite a la economía ajustarse mucho mejor a los crecientes y cada vez más complejos flujos comerciales y de inversión internacionales

A partir de la década de 1970, especialmente tras el colapso del sistema de Bretton Woods en 1971, los tipos de cambio libres comenzaron a sustituir a los tipos de cambio fijos que habían prevalecido desde el final de la Segunda Guerra Mundial. El sistema de Bretton Woods, establecido en 1944, creó un régimen de tipos de cambio fijos donde las monedas estaban vinculadas al dólar estadounidense, y este, a su vez, estaba respaldado por el oro.

Sin embargo, en agosto de 1971, el presidente de Estados Unidos, Richard Nixon, anunció la suspensión de la convertibilidad del dólar en oro, un evento conocido como el "Nixon Shock". Esta decisión se debió a varios factores:

Tras el "Nixon Shock", el sistema de Bretton Woods comenzó a desintegrarse. Entre 1971 y 1973, muchos países optaron por dejar flotar sus monedas en el mercado cambiario.

Para 1973, la mayoría de las principales economías desarrolladas habían adoptado tipos de cambio flexibles o flotantes.

Como podemos ver en el siguiente cuadro, los países emergentes lo fueron haciendo posteriormente.

Este cambio hacia tipos de cambio libres fue impulsado por la necesidad de mayor flexibilidad en las políticas monetarias y mayor transparencia y por las dificultades de mantener tipos de cambio fijos en un mundo con crecientes flujos de capital y comercio internacional. Los tipos de cambio libres permiten a los países ajustar sus políticas económicas de manera más independiente y responder más eficazmente a las condiciones económicas internas y externas.

Como se puede observar en la siguiente gráfica, a partir de 1975 el número de países que adoptan la paridad fija va disminuyendo. Para 1994 solo la tercera parte de los países que usaban como reserva el dólar de Estados Unidos, seguían teniendo un tipo de cambio fijo.

## Países en desarrollo: Evolución de los regímenes cambiarios de paridad fija; 1975-1998

*(Porcentaje del número total de países en desarrollo)*

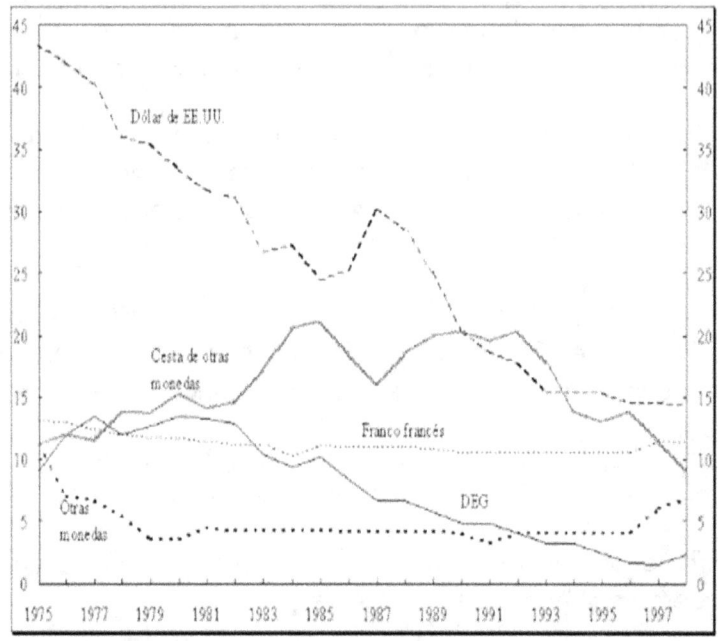

Fuente, FMI (2000) *Los regímenes cambiarios en el contexto de la creciente integración de la economía mundial*

En general, los países democráticos adoptaron antes el sistema de tipo de cambio libre, mientras que los países autoritarios tienden a mantener tipos de cambio fijos. Esto se puede argumentar por varias razones:

Los primeros países en abandonar el sistema de tipo de fijo fueron democracias que suelen promover economías de mercado abiertas y liberalizadas. Un tipo de cambio libre es coherente con estos principios, ya que permite que las fuerzas del mercado determinen el valor de la moneda. Esto facilita el comercio internacional y la inversión extranjera, aspectos clave en las economías democráticas.

En las democracias los bancos centrales operan de manera independiente del gobierno, enfocándose en objetivos como el control de la inflación y el crecimiento económico. Un tipo de cambio flotante les proporciona la flexibilidad necesaria para ajustar las políticas monetarias sin la restricción de mantener una paridad fija.

Los sistemas democráticos valoran también la transparencia y la rendición de cuentas. Los tipos de cambio flotantes reducen la necesidad de intervenciones cambiarias constantes y opacas, lo que puede ser más fácilmente monitoreado y evaluado por el público y los mercados financieros.

Las democracias pueden adaptarse más rápidamente a las condiciones económicas cambiantes. Un tipo de cambio flotante permite absorber shocks externos, como fluctuaciones en los precios de las materias primas o crisis financieras internacionales, sin agotar las reservas internacionales.

Los regímenes autoritarios por el contrario tienden a centralizar el control político y económico. Al mantener un tipo de cambio fijo, pueden dirigir la política cambiaria para cumplir objetivos políticos específicos, como subvencionar ciertas industrias o controlar la inflación artificialmente.

Un tipo de cambio fijo puede dar una impresión de estabilidad económica, lo cual es útil para gobiernos que buscan legitimidad interna y externa. Esto puede ser especialmente importante en regímenes donde la estabilidad política depende de la percepción de control y orden, pero en realidad esconden una enorme fragilidad, ya que la rigidez que este sistema establece, implica que no existe un precio que equilibre la oferta y demanda los flujos complejos y cambiantes con el exterior, que además son cada vez más grandes.

Es el caso de México donde se dice con frecuencia que un Presidente que devalúa se devalúa.

Los países autoritarios pueden imponer controles de capital para evitar la fuga de divisas y mantener reservas internacionales. Un tipo de cambio fijo facilita la implementación de estas restricciones al establecer un valor oficial para la moneda que puede diferir del mercado negro o paralelo.

También es común que gobiernos autoritarios pueden utilizar un tipo de cambio fijo para mantener su moneda subvaluada, incentivando las exportaciones al hacer sus productos más competitivos en el mercado internacional. Esto puede ser parte de una estrategia más amplia de desarrollo económico controlado por el Estado como es el caso de China, por ejemplo.

## 7.3 De la transición democrática a la autoritaria

El México de 2024 se encuentra en el mismo punto que el de 1994 pero en sentido inverso.

Mientras en 1994 el mundo vivía una revolución democrática, el discurso oficial hábilmente logró entrar en sintonía con aquella ola. Se aprovechó del poder y los controles que contaba el presidente, la falta de transparencia para realizar una la intervención clara y discrecional en la economía para generar una crisis muy sería

En 2024 ese discurso se ha esfumado casi por completo, tenemos una creciente concentración de poder, pero la economía aún está definida por las reformas liberalizadoras de los 90 que permiten que los indicadores macroeconómicos sean aún relativamente sanos

La historia política reciente de México es un recorrido complejo entre la búsqueda de la democracia y la persistencia del autoritarismo.

Después de implementar el rescate bancario en 1996 hacer su último favor al régimen autoritario de donde se formó, Ernesto Zedillo, implementó reformas importantes que parecían consolidar la democracia en el país, permitiendo una alternancia pacífica en el poder y la participación de diferentes fuerzas políticas. Sin embargo, a partir de 2018, con la llegada de Andrés Manuel López Obrador a la presidencia, se ha percibido un proceso de retorno a prácticas centralizadoras y autoritarias que ha alcanzado nuevos niveles en 2024 con las primeras reformas de Claudia Sheinbaum, su sucesora.

México ha transitado desde un proceso de democratización hacia una restauración autoritaria.

Las crisis económicas de fin de sexenio de los setenta y ochenta y desde luego la de 1994[23] están causadas por factores internos asociadas a un sistema autoritario.

En uno democrático y abierto desde luego que existen ciclos económicos y crisis, pero son completamente distintas, como fue le caso de la recesión de 2009 y la de 2021-22

La democracia en México, como en muchas partes del mundo, comenzó a enfrentar desafíos a partir de la segunda década del siglo XXI. Eventos internacionales, como el ataque a las Torres Gemelas en 2001 y la crisis financiera de 2008, aumentaron el escepticismo hacia las instituciones democráticas y propiciaron el surgimiento del populismo y el nacionalismo. En países de América Latina, como Venezuela y Nicaragua, surgieron regímenes autoritarios bajo un discurso de izquierda que buscaba controlar los mecanismos democráticos

Esta tendencia global también se observó en México, donde el discurso de López Obrador aprovechó el descontento con las élites políticas y económicas para consolidar un poder que comenzó a desafiar los principios democráticos establecidos en las décadas anteriores

La llegada de López Obrador al poder marcó el inicio de un proceso de restauración autoritaria en México. A lo largo de su mandato, implementó políticas que buscaron centralizar el poder en el Ejecutivo, debilitando la independencia de instituciones como el INE y limitando el papel de los contrapesos. Este proyecto de gobierno ha sido caracterizado por un estilo populista y confrontativo que ha mermado la confianza en las instituciones democráticas.

---

23 Que fue de inicios de sexenio

López Obrador también mostró una disposición a concentrar el poder mediante reformas que afectan la autonomía del Poder Judicial y otras instituciones autónomas. Estas acciones han generado preocupación sobre el estado de la democracia en México, especialmente considerando la tendencia del presidente de intervenir en decisiones clave del gobierno sin consultar al Legislativo.

Con la sucesión de Claudia Sheinbaum en 2024, es clara una continuidad en la centralización del poder iniciada por López Obrador. Sus primeras reformas apuntan a consolidar el control sobre las instituciones y reducir la independencia de órganos que históricamente han servido como contrapesos al Ejecutivo.

Estas reformas están orientadas a fortalecer un modelo de gobernanza autoritaria, con muchas similitudes al del pasado reciente, donde el Presidente tiene un poder prácticamente ilimitado y el rol de la oposición se ve constantemente acotado. La continuidad de estas políticas sugiere un riesgo significativo de que México pierda los avances democráticos logrados desde los años 90, poniendo en peligro el sistema de derechos y libertades construido en las últimas décadas.

De seguir esta tendencia no sería raro que las condiciones de estabilidad macroeconómica que tenemos ahora puedan ir despareciendo y estemos en una situación de crisis recurrentes como la que tuvimos antes, en un futuro cercano.

## 7.4 La apertura económica y desregulación global no fue el problema

Como he argumentado antes, la causa de la crisis de 1994, sobrevaluación de un tipo de cambio controlado, el endeudamiento de los Tesobonos y el rescate bancario posterior, son medidas que nada tiene que ver con la narrativa de apertura económica y hasta política que durante el sexenio de Carlos Salinas se construyó y en realidad se podrían inscribir sin problema en la política populista que hizo el gobierno mexicano entre 1970 y 1982.

Sin embargo a partir de ese sexenio se han hecho una serie de reformas que sí han promovido la apertura e integración económica de México al exterior, reformas que en términos generales se ha mantenido no obstante la narrativa ahora es complemente distinta, más cercana a autosuficiencia y a la intervención política en la economía.[24]

La realidad es que la estabilidad macroeconómica en el sexenio de Andrés Manuel López Obrador (2018-2024) puede atribuirse en gran medida a las reformas económicas implementadas después de 1996, las cuales sentaron las bases para una economía más resiliente y menos vulnerable a crisis externas. Estas reformas incluyeron la independencia del Banco de México, la adopción de un tipo de cambio flexible y una gestión prudente de la deuda pública, aspectos que López Obrador ha mantenido y que han sido fundamentales para garantizar la estabilidad económica durante su administración, incluso frente a retos globales como la pandemia de COVID-19 donde la mayoría de los países hicieron importantes incentivos macroeconómicos y el gobierno mexicano prácticamente no los hizo.

Otro hecho fundamental en el éxito de la economía mexicana en los últimos años es la continuidad del Tratado de Libre Comercio en vigor desde 1994, Con Estados Unidos y Canadá que a la entrada de Donald Trump a la presidencia de Estados Unidos en 2016

---

24 Según un análisis realizado en abril de 2023 utilizando la herramienta AMLOPEDIA, se encontraron 2,965 menciones de "neoliberal" sus conferencias. Este término ha sido recurrente en su discurso para referirse a políticas y periodos anteriores que, según su perspectiva, han afectado negativamente al país.

fue renegociado por el gobierno de Peña Nieto y una vez ganada la elección en 2018, contó con el apoyo total de López Obrador, acuerdo que llamó *"clave para la reactivación económica"* [25]

*Firma del TMec en México con los representantes comerciales de Estados Unidos y Canadá*

Muy distinto a la opinión que tenía en 1994 cuando él junto la mayor parte de la izquierda se opuso a la TLC, de Carlos Salinas.

Aunque durante el sexenio de López Obrador ha habido un intento grave por eliminar muchas entidades autónomas e independientes, no ha sido el caso del Banco de México. Los 5 integrantes de la junta de gobierno propuesto por él[26] son en general personas capacitadas que han gozado hasta la fecha independencia en su actuar

---

25 Expansión, 31 de marzo 2020

26 Andrés Manuel López Obrador ha propuesto a cuatro de los cinco integrantes actuales de la Junta de Gobierno del Banco de México (Banxico) **Victoria Rodríguez Ceja**: Nombrada como gobernadora de Banxico, asumió el cargo el 1 de enero de 2022. **Jonathan Heath**: Economista independiente antes de su designación, fue propuesto como subgobernador. **Galia Borja Gómez**: Antes de su nombramiento, se desempeñó como Tesorera de la Federación en la Secretaría de Hacienda y Crédito Público. **Omar Mejía Castelazo**: Antes de su designación, trabajó dentro de Banxico como Investigador Técnico de la Junta de Gobierno. La única integrante de la Junta de Gobierno que no fue propuesta por el presidente López Obrador es la subgobernadora **Irene Espinosa Cantellano**, quien fue la primera mujer en formar parte de este órgano y cuyo cargo concluye el 31 de diciembre de 2024.

Desde 1994, el Banco de México obtuvo su independencia, permitiéndole perseguir de forma autónoma el objetivo de estabilidad de precios, sin interferencias políticas. Esta autonomía le ha permitido implementar políticas monetarias estrictas que han controlado la inflación y estabilizado el valor del peso en las últimas décadas. La autonomía del banco central ha sido crucial para fortalecer la confianza en la moneda mexicana y evitar problemas de inflación descontrolada.

Aunque poca gente lo tiene en el radar, el fijar el precio del tipo de cambio es una facultad de Congreso[27] la adopción de un tipo de cambio flexible después de la crisis de a partir de 1995, se ha mantenido durante el sexenio de López Obrador y no está hasta ahora alguna intensión de intervenirlo.

Este esquema ha funcionado como un amortiguador frente a crisis externas, permitiendo que el valor del peso se ajuste naturalmente ante cambios en la economía global. Durante el sexenio de López Obrador, el tipo de cambio libre ha sido esencial para amortiguar el impacto de la volatilidad internacional, especialmente durante la pandemia y en periodos de incertidumbre en los mercados financieros. Esto ha evitado presiones sobre las reservas internacionales y ha permitido que México mantenga una balanza de pagos más estable.

Aunque durante 2024 el déficit fiscal de Gobierno Federal rebasó el 5.5% como proporción del PIB, la realidad es que la durante casi todo su sexenio se mantuvo en niveles aceptables por lo que la deuda pública total está ligeramente arriba del 50% del PIB, similar al del inicio del sexenio.

Las reformas fiscales posteriores a 1996 promovieron una mayor disciplina fiscal en México, limitando el endeudamiento excesivo y garantizando que el gasto público estuviera mejor controlado. A diferencia de otras economías en desarrollo, México ha mantenido niveles de deuda pública manejables, lo cual ha sido fundamental para la estabilidad macroeconómica en el gobierno de López

---

27 La facultad del Congreso de la Unión para definir el tipo de cambio en México está establecida en el **Artículo 73, fracción X** de la **Constitución Política de los Estados Unidos Mexicanos.**

Obrador. Su administración ha seguido esta tradición de disciplina fiscal no obstante la pandemia, evitando endeudarse en exceso y manteniendo el déficit en niveles bajos. Esta prudencia fiscal ha permitido a México conservar una buena calificación crediticia y evitar crisis de deuda,

Por lo que toca al sistema bancario, y una vez llevado el enorme rescate con Zedillo, se han hecho varias reformas financieras importantes que, entre otras cosas, han permitido la entrada de capital extranjero para comprar la mayoría del banco del país. Es claro que esto ha fortalecido el sistema bancario mexicano que, aunque es relativamente pequeño aún, es completamente estable y competitivo.

Gracias a estas reformas, el sistema bancario de México ha sido más resistente a crisis internacionales, como la de 2008 y 2020, y ha mantenido una base sólida para ofrecer financiamiento a la economía. Durante el sexenio de López Obrador, este sistema financiero robusto ha proporcionado una plataforma estable para la actividad económica, sin generar vulnerabilidades financieras importantes y permitiendo una mayor estabilidad en la política monetaria y fiscal.

La estabilidad macroeconómica del sexenio de López Obrador es un reflejo de los sólidos fundamentos económicos heredados del "periodo neoliberal", que en general se han mantenido y que transformaron la economía mexicana en una estructura más abierta, resistente y compleja.

A diferencia del sexenio de Salinas de Gortari que dentro de un discurso moderno y aperturista, se tomaron medidas intervencionistas que generaron la crisis de 1994, actualmente tenemos gobiernos con una discurso social y nacionalista que se ha manifestado particularmente en la política energética por ejemplo[28], pero que no han afectado las políticas económicas fundamentales del país.

---

28 Sector donde por cierto no hubo ningún cambio durante el sexenio de Carlos Salinas.

Por lo pronto no se ve que esto vaya a cambiar demasiado en un futuro cercano, pero de seguir las tendencias actuales, seguramente en algún momento se verán afectadas en perjuicio de la ciudadanía

La crisis de 1994

# Anexo 1

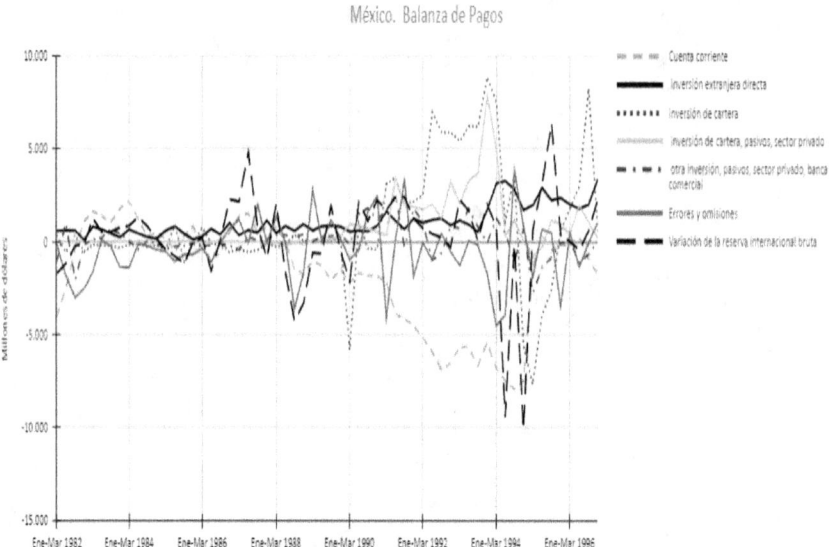

México. Balanza de Pagos

# Anexo 2

Principales Privatizaciones en México, 1989 – 1994

**Teléfonos de México (TELMEX):**

- **Año de privatización**: 1990

- **Monto de venta**: Aproximadamente **$1,757 millones de dólares** por una participación del 20.4% con control operativo.

- **Descripción**: Un consorcio liderado por **Grupo Carso** (propiedad de Carlos Slim), junto con **Southwestern Bell Corporation** y **France Télécom**, adquirió la participación mayoritaria.

**Sector Bancario:**

- **Años de privatización**: 1991-1992

- **Monto total de venta**: Aproximadamente **$12,400 millones de dólares** por la privatización de 18 bancos.

- **Bancos principales**:

    o **Banamex (Banco Nacional de México)**:
    - **Monto de venta**: Aproximadamente **$3,200 millones de dólares**.

    o **Bancomer**:
    - **Monto de venta**: Aproximadamente **$2,600 millones de dólares**.

    o **Banorte**:
    - **Monto de venta**: Aproximadamente **$600 millones de dólares**.

- Serfin:
  - **Monto de venta**: Aproximadamente **$1,600 millones de dólares**.

**Mexicana de Aviación:**

- **Año de privatización**: 1989
- **Monto de venta**: Aproximadamente **$155 millones de dólares**.
- **Descripción**: Vendida a un grupo de inversionistas mexicanos liderados por Crescencio Ballesteros.

**Aeroméxico:**

- **Año de privatización**: 1988-1989
- **Monto de venta**: Aproximadamente **$150 millones de dólares**.
- **Descripción**: Adquirida por un grupo de inversionistas y empleados tras una reestructuración financiera.

**Altos Hornos de México (AHMSA):**

- **Año de privatización**: 1991
- **Monto de venta**: Aproximadamente **$1,475 millones de dólares**.
- **Descripción**: Vendida al **Grupo Acerero del Norte (GAN)**.

**Sicartsa (Siderúrgica Lázaro Cárdenas – Las Truchas):**

- **Año de privatización**: 1991
- **Monto de venta**: Aproximadamente **$310 millones de dólares**.
- **Descripción**: Adquirida por el **Grupo Villacero**.

**Minera de Cananea:**

- **Año de privatización**: 1990
- **Monto de venta**: Aproximadamente **$475 millones de dólares**.
- **Descripción**: Vendida a **Grupo México**.

**Minera de Nacozari:**

- **Año de privatización**: 1990
- **Monto de venta**: Parte de un paquete con otras minas; el monto específico es menos claro pero se estima en alrededor de **$120 millones de dólares**.

**Fertilizantes Mexicanos (FERTIMEX):**

- **Año de privatización**: 1992
- **Monto de venta**: Aproximadamente **$450 millones de dólares** por varias plantas y activos vendidos por separado.
- **Descripción**: Las plantas se vendieron a diferentes compradores nacionales y extranjeros.

**Ingenios Azucareros:**

- **Año de privatización**: Inicios de la década de 1990
- **Monto total de venta**: Aproximadamente **$1,000 millones de dólares** por la venta de varios ingenios.
- **Descripción**: Varios ingenios fueron vendidos a empresas privadas para mejorar la eficiencia y competitividad del sector.

- **Ferrocarriles Nacionales de México:**

  - **Año de privatización**: El proceso inició en 1995 (posterior al período mencionado, pero relevante).

  - **Monto de venta**: La concesión de las principales líneas ferroviarias recaudó alrededor de **$1,400 millones de dólares**.

  - **Descripción**: El sistema ferroviario se concesionó a operadores privados divididos por regiones.

- **Empresas Petroquímicas no Básicas:**

  - **Año de privatización**: Inicios de la década de 1990

  - **Monto de venta**: Los montos variaron; algunas plantas se vendieron por entre **$200 y $400 millones de dólares** cada una.

  - **Descripción**: Se permitió la participación privada en plantas petroquímicas no estratégicas.

- **Hoteles y Servicios Turísticos:**

  - **Año de privatización**: Inicios de la década de 1990

  - **Monto de venta**: Por ejemplo, la cadena de **Hoteles Camino Real** se vendió por aproximadamente **$120 millones de dólares**.

  - **Descripción**: Propiedades y empresas turísticas estatales fueron vendidas a inversionistas privados.

- **Empresas de Autotransporte:**

  - **Año de privatización**: Inicios de la década de 1990

  - **Monto de venta**: Los montos fueron menores y específicos a cada empresa, generalmente entre **$10 y $50 millones de dólares**.

  - **Descripción**: Las líneas de autobuses estatales fueron privatizadas para mejorar los servicios de transporte.

- **Conasupo (Compañía Nacional de Subsistencias Populares):**

    - **Proceso de desmantelamiento**: Comenzó en este período

    - **Monto de venta**: Los activos se vendieron por montos menores; el objetivo principal fue reducir la intervención estatal en la comercialización de productos básicos.

# Bibliografía

Aguayo, M. M. (1995). *Informe Anual 1994*. Meixco, DF: Banco de Mexico.

Aspe, P. (1994). *Las razones de la politica cambiaria.* documents of Mexican Politics (on line): Mexico .

(1995). *El camino mexicano de la transformación económica.* FCE

Banco de México. (1995). *Informe Anual 1994.* En línea.

Banda, H., & Chacón, S. (2005). *La crisis financiera mexicana de 1994; una visión política-económica.* Distrito Federal, México: El Colegio de México

Bartley, R. L. (1997). The peso folklórico: dancing away from monetary stability. En S. E.

Naím, *Anatomy of an emerging-market crash* (págs. 141-165). Washington D.C., Estados Unidos: Brookings Institution Press.

Blanchard, O. (2007). *Current Account Deficits in Rich Countries.* Vol. 54: IMF Staff Papers.

Botello, I. M. (Diciembre, 2002). *La ruta de la crisis ... 1994.* www.mexicomaxico.com.

Burki, S. J. (1997). a fate foretold: the world bank and the mexican crisis. En S. E. Naím,

*anatomy of an emerging-market crash* (págs. 247-258). Washington D.C., Estados Unidos: Brookings Institution Press.

Calvo, G. A. (1996). *Mexico's Balance-of-Payments Crisis: A Chronicle of a Death Foretold.* Journal of International Economics.

Cárdenas, E. ( 1996). *La Política Económica en México, 1950-1994,.* (México: Fondo de Cultura.

(2015). *El Largo Curso de la Economía Mexicana: De 1780 a nuestros días.* Mexico: Fondo de Cultura Económica.

Carsterns, F. G.-D. (1997). Pride and prejudice: the economics profession and mexico's financial crisis. En S. E. Naím, *anatomy of an emerging-market crash* (págs. 165-200). Washington D.C., Estados Unidos: Brookings Institution Press.

Castañeda, S. S. (2018). *Debates de la Política Económica en México; La crisis de 1994.* Mexico, DF: Senado de la República.

Colosio, L. D. (Marzo 6, 1994). *Acto conmemorativo del LXV Aniversario del PRI.* Ciudad de Mexico.

Dornbusch, (1994). *Mexico: Stabilization, Reform, and No Growth.* Brookings Papers on Economic Activity.

(1997). The folly, the crash, and beyond: economic policies and the crisis. En S. E. Naím, *Anatomy of an emerging-market crash* (págs. 125-140). Washington D.C., Estados Unidos: Brookings Institution Press.

Dresser, D. (1997). Falling from the tightrope: the political economy of the mexican crisis. En S. E. Naím, *Anatomy of an emerging-market crash* (págs. 81-94). Washington D.C., Estados Unidos: Brookings Institution Press.

Edwards, S. (1997). Bad luck or bad policies? an economic analysis of the crisis. En S. E. Naím, *Anatomy of an emerging-market crash* (págs. 95-140). Washington D.C., Estados Unidos: Brookings Institution Press.

(2002). *Preventing Currency Crises in Emerging Markets*. Chicago: University of Chicago Press.

(2003). *El error de diciembre de 1994*. México Maxico.

Espinosa, M. Y. (2013). *Bancomer: Logro y destrucción de un ideal.* Centro de Estudios Espinosa Yglesias.

Feldstein, M. (1999). *International Capital Flows*.

Flood, P.-R. A. (1992). *Speculative Attacks and Models of Balance of Payments Crises*. IMF Staff papers.

Forbes, K. J. (2012). *Capital Flow Waves: Surges, Stops, Flight, and Retrenchment*. Journal of International Economics.

Frieden, J. A. (1997). The politics of exchange rates. En S. E. Naím, *Anatomy of an emerging-market crash* (págs. 81-94). Washington D.C., Estados Unidos: Brookings Institution Press.

Gurria, J. A. (1994). *La Politica De La Deuda Externa.* Fondo de Cultura Económica.

Haber, S. (2008). *Mexico Since 1980*. Cambridge University Press.

Hale, D. D. (1997). The markets and mexico: the supply-side story. En S. E. Naím, *Anatomy of an emerging-market crash* (págs. 201-246). Washington D.C., Estados Unidos: Brookings Institution Press.

Huerta G., A. ( 2012). *La política neoliberal de estabilización económica en México*. Problemas del desarrollo .

Jiménez, E. (16 Ene, 2024). *Quiénes eran 'Los Texas', la conexión entre Salinas, el Cártel del Golfo y Luis Donaldo Colosio*. Mx : Infobae.

Krugman, P. (1979). *A model of Balance-of-Payments Crises*. Journal of Money, Credit and Banking .

(1995). *Dutch Tulips and Emerging Markets*. Foreign Affairs.

(1999). *Balance Sheets, the Transfer Problem, and Financial Crises*. International Tax and Public Finance.

Mancera, M. (1995). *Mexico's Financial Crisis: Origins, Awareness, Assistance, and Initial Efforts to Recover.*

Marquez, G. (2014). *Claves de la historia económica de México: el desempeño de largo plazo (siglos XVI-XXI).* México: Conaculta y Fondo de Cultura Económica.

Martínez, J. (2010). *Carlos Slim retrato inédito* . México: Océano; Edición estándar.

Mauro, N. S. (2006). *Emerging Markets and Financial Globalization.*

Moreno, J. (1995). *Falsos rumores de golpe de Estado en México revuelven los mercados financieros.* Mexico: El País.

Naím, M. (1997). Mexico's larger story. En S. E. Naím, *Anatomy of an emerging-market crash* (págs. 295-311). Washington D.C., Estados Unidos: Brookings Institution Press.

Nancy Birdsall, M. G. (1997). Getting the lessons right: a view from the inter-american development bank. En S. E. Naím, *Anatomy of an emerging-market crash* (págs. 275-294). Washington D.C., Estados Unidos: Brookings Institution Press.

Obstfeld, M. y. (1996). *Foundations of International Macroeconomics.* MIT Press.

Ostry, J. D. (2012). *Multilateral Aspects of Managing the Capital Account.* IMF Staff Discussion Note SDN.

Patterson, J. Z. (2008). *Banqueros y magnates: Historia de los ricos en México 1920-2000.* Morgan.

Reisen, H. (s.f.). *Sustainable and Excessive Current Deficits.* OECD Development Centre.

Rey, H. (2015). *Dilemma not Trilemma: The Global Financial Cycle and Monetary Policy Independence.* National Bureau of Economic Research Working Paper. No. 21162.

Reyna, I. R. (26 de junio de 1996). *Los negocios de Raúl Salinas de Gortari con Salinas Pliego* . Mexico: FD, Investigaciones .

Rodrik, D. (2008)). *The Real Exchange Rate and Economic Growth.* Brookings Papers on Economic Activity.

Sachs, J. T. (1996). *The Mexican Peso Crisis: Sudden Death or Death Foretold?* . Journal of International Economics.

Salinas de Gortari, C . (3 de Diciembre de 1995). *Carta del ex presidente Carlos Salinas de Gortari a los medios de comunicación.* Cdmx: Wikisource.

(2000). *México un paso difícil a la modernidad.* México: Plaza Janes.

(2008). *La década perdida 1995-2006*. México: Grijalbo.

Silva Castañeda, S. (enero 2014). *El Crac del 94, Revista Nexos*.

Smith, P. H. (1997). Political dimensions of the peso crisis. End S. E. Naima, *Anatomy and lessons of Mexico 1994* (pigs. 31-53). Washington D.C., Estates Undo's: Brookings Institution Press.

Vallejos Ortiz, S ( 2014), *The Unsustainability of Mexico's Exchange Rate Policy, 1987-1995*, Incognitives 2014

Werner, A. (1994). *Mexico: Stabilization, Reform, and No Growth*. Brookings Papers on Economic Activity.

Williams, C. M. (1997). The Mexican crisis and its aftermath: an IMF perspective. En S. E.

Naím, *Anatomy of an emerging-market crash* (págs. 259-274). Washington D.C., Estados Unidos: Brookings Institution Press.

La presente edición digital estuvo a cargo de:

**Appie Ebook & Ecommerce**